Paris
1881

Goethe, Johann Wolfgang von

*La tragédie du docteur Faust*

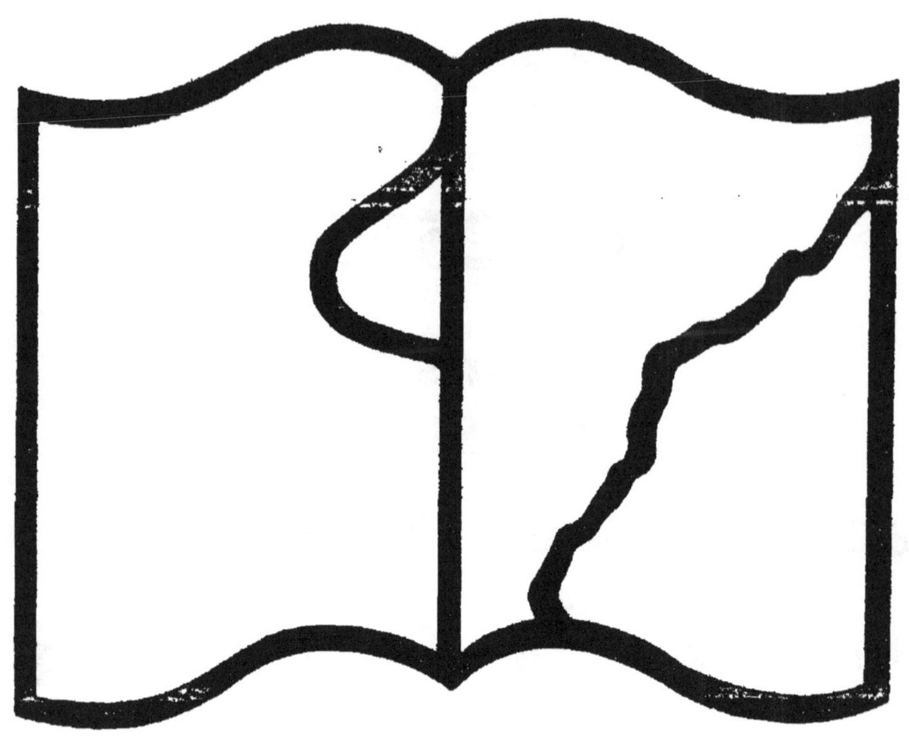

Symbole applicable
pour tout, ou partie
des documents microfilmés

Texte détérioré — reliure défectueuse

NF Z 43-120-11

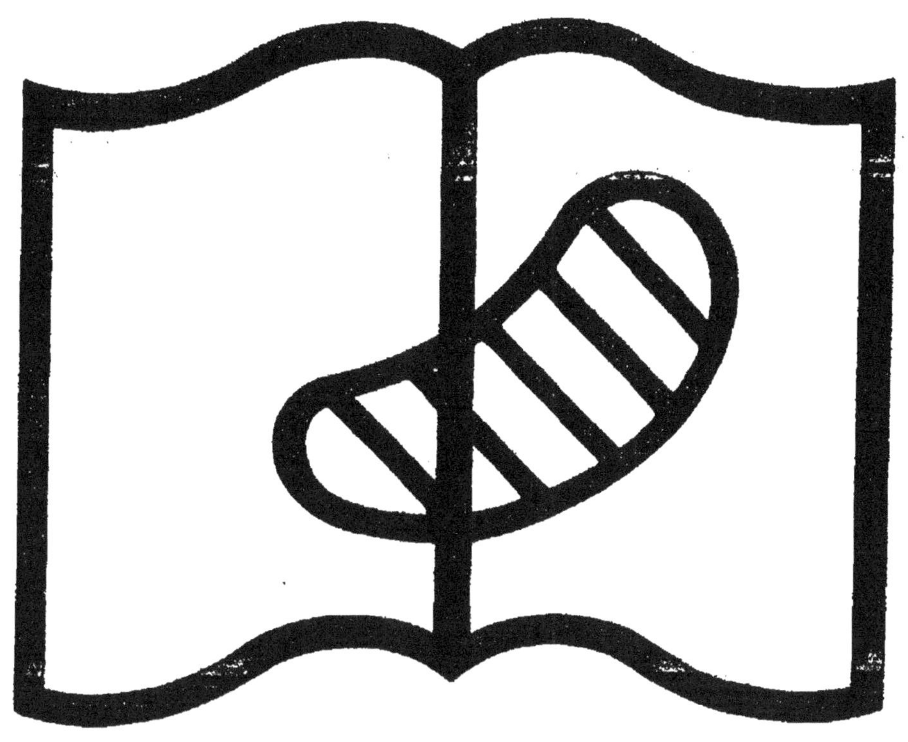

Symbole applicable
pour tout, ou partie
des documents microfilmés

Original illisible

**NF Z 43-120-10**

A. DE RIEDMATTEN

---

# LA TRAGÉDIE
DU
# DOCTEUR FAUST
DE
## GOETHE
EN VERS FRANÇAIS

PARIS
PAUL OLLENDORFF, ÉDITEUR
28 bis, rue de Richelieu, 28 bis

1881

# LA TRAGÉDIE

DU

# DOCTEUR FAUST

## OUVRAGES PUBLIÉS PAR M. DE RIEDMATTEN

---

**La Théorie générale de l'État,** par M. BLUNTSCHLI, professeur ordinaire à l'Université de Heidelberg, traduit de l'allemand, 2e édition, 1881. Prix. . . . . . . . 8 fr.

**Le Droit public général,** par LE MÊME, 1re édition, 1881. Prix. . . . . . . . . . . . . . . . . . . 8 fr.

**La Politique,** par LE MÊME, 1re édition, 1879. Prix. 8 fr.

Chacun de ces volumes est précédé d'une Préface ou d'une Introduction du Traducteur.

St-Denis. — Imprimerie Ch. Lambert, 17, rue de Paris.

A. DE RIEDMATTEN

# LA TRAGÉDIE

DU

# DOCTEUR FAUST

DE

GOETHE

EN VERS FRANÇAIS

PARIS

PAUL OLLENDORFF, ÉDITEUR

28 bis, RUE DE RICHELIEU, 28 bis

1881

Il a été tiré de cet ouvrage cinquante exemplaires numérotés, sur papier vergé de Hollande.

# PROLOGUE

## DANS LE CIEL.

---

LE SEIGNEUR, LES PHALANGES CÉLESTES,
PUIS MÉPHISTOPHÉLÈS.

Les trois archanges s'avancent.

RAPHAEL.

Et l'antique soleil fait entendre son chant
Dans le chœur alterné des sphères;
Splendide, mais soumis, il marche à son couchant,
Aux roulements des tonnerres.
Sous son regard, dont nul ne sait la profondeur,
L'ange affermit son aile;
Ainsi qu'au premier jour, l'œuvre du Créateur
Est incompréhensible et belle.

GABRIEL.

Dans l'orbite géant, la terre qui s'enfuit,
Roule ses flancs rapides;
Le jour sublime alterne avec la nuit;
La mer écume et s'élance avec bruit,

Ébranlant les cimes livides.
Mais les monts et les flots que ta force réduit,
Terre, sont emportés dans tes sentiers limpides !

MICHEL.

Ceinture impétueuse aux déchirants transports,
La tempête gronde ;
La foudre brille, tombe, et jonche de ses morts
Les terres et l'onde ;
Mais tes anges, Seigneur, unissant leurs accords,
Chantent ton jour serein, ton jour qui les innonde.

TOUS TROIS.

Sous ton regard, dont nul ne sait la profondeur,
L'ange affermit son aile ;
Ainsi qu'au premier jour, ton œuvre, ô Créateur,
Est incompréhensible et belle.

MÉPHISTOPHÉLÈS.

O Maître, puisque enfin tu daignes t'approcher
Pour t'informer comment le monde peut marcher,
Et que tu me revois volontiers, d'ordinaire,
J'ai cru pouvoir me joindre à ta gent familière.
Pardonne; tes amis dussent-ils m'abîmer,
Je ne viens point ici tenter de déclamer.
Du pathos de ma part d'ailleurs te ferait rire,
Si tu ne te l'étais à jamais interdit.
De la terre et du ciel j'ai peu de chose à dire.
C'est l'homme que je vois, qui s'agite et gémit.
Ce petit dieu là-bas reste toujours le même,
Ainsi qu'au premier jour curieux à l'extrême,
Bien heureux si jamais tu ne l'eusses doté
D'un reflet incertain, Seigneur, de ta clarté.
Il l'appelle raison et s'en montre superbe,
Mais n'en est que plus bête et stupide en effet ;
Sauterelle aux longs pieds qui gigotte dans l'herbe,

Ressassant le même air et sans trouver d'arrêt.
Encor s'il demeurait toujours dans la verdure !
Non, il fourre à plaisir son nez dans chaque ordure.

LE SEIGNEUR.

Est-ce tout? Tu ne sais qu'incriminer, démon ?
La terre suivant toi n'eut jamais rien de bon.

MÉPHISTOPHÉLÈS.

Non, Seigneur, elle était et restera mauvaise.
L'homme me fait pitié dans son constant malaise;
De tourmenter ces gueux j'ai guère plus le cœur.

LE SEIGNEUR.

Connais-tu Faust?

MÉPHISTOPHÉLÈS.

Le grand docteur?

LE SEIGNEUR.

Mon serviteur.

MÉPHISTOPHÉLÈS.

Ah vraiment ! ce vieux fou vous sert à sa manière,
Et se nourrit d'un pain qui n'est pas naturel.
Emporté dans l'espace, âme inquiète, altière,
Il voudrait décrocher les étoiles du ciel.
Vaine agitation : rien ne le rassasie;
A demi conscient, du moins, de sa folie.

LE SEIGNEUR.

Si dans le trouble encore il me sert aujourd'hui,
Bientôt je ferai luir ma lumière pour lui.
Le jardinier sait bien quand l'arbuste verdoie,
Qu'à l'automne ses fruits le combleront de joie.

MÉPHISTOPHÉLÈS.

Je vous offre un pari? Vous perdrez le docteur,
Si j'ai pleine licence à le tenter, Seigneur.

LE SEIGNEUR.

Ce pouvoir t'appartient tant qu'il est sur la terre.
L'homme peut s'égarer tant qu'il cherche son but !

MÉPHISTOPHÉLÈS.

Ho grand merci ! Les morts ne sont pas mon affaire ;
Un cadavre n'est bon qu'à jeter au rebut.
Les visages vermeils sont mieux faits pour me plaire,
Et morte la souris, le chat n'en a que faire.

LE SEIGNEUR.

Qu'il te soit donc permis ! Détourne si tu peux
Cet esprit de sa source, et demeure honteux,
Quand, malgré son tourment, tu devras reconnaître
Que l'homme juste et droit me garde seul pour maître.

MÉPHISTOPHÉLÈS.

Bon ! si je réussis, je serai triomphant.
Comme mon vieux patron, le célèbre serpent,
On lui fera, Seigneur, manger de la poussière,
Saigner et s'écorcher le ventre sur la pierre ;
Même il y prendra goût. Je tiens son avenir.

LE SEIGNEUR.

Qu'il te soit libre aussi ; je ne puis te haïr.
Entre tous les esprits négatifs, c'est le drôle
Que je rencontre avec le moins de déplaisir.
Trop ami du repos, l'homme oublirait son rôle
Et son activité pourrait bien s'endormir,
Si je ne lui donnais pour constant acolyte
Le démon, qui toujours le travaille et l'excite.
Mais vous, fils radieux du céleste séjour,
Jouissez des splendeurs de ma beauté vivante !
Que la création, sans cesse renaissante,
Vous enlasse dans les doux liens de l'amour ;
Et que votre raison, haute et persévérante,
Fixe du devenir le mobile contour.

(Les cieux se ferment, les archanges se dispersent.)

MÉPHISTOPHÉLÈS, *seul.*

Ce n'est pas sans plaisir que je vois le vieux Père,
Quelquefois, évitant toute rupture amère.
Pour un si grand seigneur, c'est louable, vraiment,
De parler à Satan même, aussi poliment.

---

# LA TRAGÉDIE

## LA NUIT.

Chambre haut-voûtée, étroite, gothique.
*Faust* seul, inquiet, dans un fauteuil, à son pupitre.

FAUST.

Oui, j'ai scruté, fouillé, dans mon ardente peine,
Le labyrinthe obscur de la science humaine,
Le droit, la médecine et la philosophie,
L'astronomie, hélas et la théologie!
Et j'ai pâli mon front, j'ai dévoré mes yeux,
Je n'ai pas été jeune et me fais déjà vieux,
Et n'aboutis à rien, à rien! Pauvre imbécile,
Toujours plus ignorant! On t'appelle, à la ville,
Savant maître et docteur; et depuis quatorze ans
Tu mènes par le nez tes disciples crédules,
Deçà, delà, parmi des *ergo* ridicules.
Malheur! tous nos efforts demeurent impuissants,
Et la désespérance envahit tous mes sens.
Certes, j'en sais plus long que tous les savantasses,

Les doctes Facultés et les moines cascasses ;
Je ne crains, moi, ni dieu ni diable. Mais aussi,
Toute joie en mon cœur est morte sans merci.
Pour les rendre meilleurs qu'enseignerai-je aux hommes !
L'ignorance est le sort de tous, tant que nous sommes.
Mes peines, je le sais, ne m'enrichissent pas,
Je n'ai ni bien, ni rang, ni crédit ici-bas ;
Un chien ne voudrait pas plus longtemps de la vie
Que je mène ! Aussi bien, désormais, ô magie,
Je t'ai voué l'effort suprême de mes mains !
D'enseigner ignorant j'ai perdu toute envie.
Oh ! si par ta cabale et tes mots surhumains,
Je pouvais découvrir l'être sous l'apparence,
D'avec la qualité séparer la substance,
De toute activité mettre à nu le ressort,
Et surprendre la vie en son premier essor !

Pâle rayon des nuits qui, dans ma sombre alcôve,
Caressas si souvent mon front pensif et chauve,
Que je te donnerais les plus aimables noms,
Que je te salûrais volontiers douce amie,
Si tu luisais enfin au terme de ma vie !

Oh ! laisse-moi voler sur les cimes des monts,
M'y baigner dans les flots de ta douce lumière,
Fouler l'herbe embeaumée et courir les vallons,
Avecque les esprits flotter dans l'atmosphère,
Et, me désaltérant de la rosée en pleurs,
Oublier du savoir les ardentes fureurs !

Et quoi ! je suis encor dans ma prison fatale,
Où s'entassent partout, dans un sombre dédale,
Les tubes, les creusets, les poudreux parchemins,
Les crânes grimaçants, les squelettes humains,
Spectres dont le jour fuit le réceptacle immonde.
Et c'est là que je vis, et c'est là tout mon monde !

Ah! faut-il demander pourquoi ma froide main
Ne trouve plus le cœur qui battait dans mon sein?
D'où me vient cette angoisse indicible, incessante?
Au lieu de la nature admirable et vivante
Où le Dieu créateur a jeté ses enfants,
Autour de moi la nuit, des vers, des ossements!

Oh de l'air, du soleil! fuyons dans la campagne!
Divin Nostradamus, ton savoir m'accompagne;
J'ai ton livre et sais lire en tes enchantements.
Pour moi de la nature il peut rompre les voiles,
Divulguer les moteurs du ciel et des étoiles,
Et, jetant mon esprit dans un monde idéal,
Le mettre nu devant les Esprits, en égal!
Mais ma raison flétrie est impuissante en face
De ces signes divins. Esprits, parmi l'espace
Autour de moi flottants, oh, si vous m'entendez,
Soufflez sur moi vos feux, répondez, répondez!

(Il ouvre le livre, et aperçoit le signe du Macrocosme.)

Ciel, quel ravissement m'envahit et m'enchante!
Est-ce un dieu qui traça cette image étonnante?
La jeunesse et la vie, en flots harmonieux,
Renaissent dans mon sein comme un vin généreux;
Je me sens inondé de calme et douce joie;
L'activité cachée à mes yeux se déploie;
Suis-je moi-même un dieu? Tout devant moi soudain
S'éclaircit et se meut, se transforme et se teint;
Et la nature éclate en son vivant ouvrage.
Je comprends maintenant la parole du Sage:
« Le monde des Esprits n'est pas fermé pour toi;
Ta raison s'est glacée et ton cœur est sans foi!
Disciple, lève-toi! va baigner ta poitrine
Dans la pourpre et dans l'or du jour qui s'illumine! »

(Il contemple le signe.)

Comme tout se remue avec ordre et concours
Pour l'œuvre universel. Par d'apparents détours
Tout conspire à sa fin. Des cieux et de la terre,
Cent forces, s'unissant par un secret désir,
Vibrantes à la fois d'amour et de plaisir,
Se passent des sceaux d'or dans l'ardente atmosphère!

Quel tableau! mais ce n'est qu'une image éphémère!
O nature infinie, où puis-je te saisir?
Où donc est ta mamelle incessamment féconde
Qui déverse la vie aux océans du monde?
Tout s'abreuve à ta source, et moi seul, altéré,
Je frappe de mes poings mon flanc désespéré!

(Il tourne le feuillet avec dépit, et aperçoit le signe de l'Esprit de la terre.)

Mais quel autre transport m'agite? Oh, mon âme
Te comprends mieux, Esprit de la terre! Ta flamme
Grandit ma force. Un courage hardi
M'excite! Quelle voix m'appelle et me réclame?
C'est le monde agité des hommes! J'obéi!
Oui, je veux sentir ses souffrances,
Pleurer de toutes ses douleurs,
M'enivrer de ses espérances,
Triompher de tous ses bonheurs.
J'entreprendrai la lutte ardente pour la vie,
J'irai, j'irai toujours, sans jamais me calmer,
Et verrai sans pâlir, sur la mer en furie,
Mon vaisseau combattant couler et s'abîmer!

L'ombre m'environne,
Ma lampe frissonne,
Folle s'élançant!
La lune abandonne
Son éclat d'argent;
Sa face rougeâtre,
De vapeur noirâtre

Se couvre, s'éteint;
Et la nuit, soudain,
De sa main glacée,
Sur moi s'est posée!
Esprit imploré,
Je sens ta présence,
Et de ta puissance
Je suis entouré.
Brise les voiles sombres
Qui me cachent ton front!
Surgis de ces décombres!
Comme je viens à toi! comme mon cœur se rompt!
Il le faut, il le faut, parais, je t'y convie!
Et dût-il m'en coûter la vie!

(Il saisit le livre et prononce mystérieusement le signe de l'Esprit. Une flamme rougeâtre tremblotte; l'Esprit apparaît dans la flamme.)

L'ESPRIT.

Qui m'appelle?

FAUST.

O terreur!

L'ESPRIT.

Tu m'évoques, puissant,
De ma sphère profonde, et te voilà tremblant!

FAUST.

Je ne puis soutenir ta vue!

L'ESPRIT.

Ah, pauvre hère!
J'obéis à ta longue et fervente prière,
Je parais, et l'effroi s'empare de ton cœur!
Ainsi tu ne crains rien? tu méprises la peur?
Et je croyais entendre une voix surhumaine,
Prête à créer un monde, à le mettre à sa chaîne!

C'est là l'illustre Faust? c'est toi qui m'évoquas?
Ver de terre ployé sous mon souffle!

FAUST.

Non pas!
Forme de feu, c'est trop étaler ton audace!
Je suis Faust, ton égal, et te le dis en face!

L'ESPRIT.

Dans les biens, les maux,
Partout où la vie
Agite ses flots,
Je vais sans repos.
Naissance et mort, mer infinie,
Changeant tableau,
Sous ma main ravie,
Venez former de Dieu le splendide manteau!

FAUST.

Esprit flottant autour du monde immensurable,
Toujours actif, combien je me sens ton semblable!

L'ESPRIT.

Tu ne ressembles qu'à l'esprit que tu conçois;
A moi, jamais!

(Il disparaît.)

FAUST, *terrassé.*

Jamais! En croirai-je ta voix?
L'homme, qui se prétend de Dieu la vive image,
N'est pas même semblable à toi!

(On frappe.)

Mortel présage!
C'est là mon *famulus.* Tout croule. Quel démon
Jette le sec pédant dans notre vision?

(Entre *Wagner* en robe de chambre et en bonnet de nuit, une lampe à la main. Faust se détourne avec humeur.)

WAGNER.

Pardon, vous déclamiez tantôt ? C'était, sans doute,
Un tragique ancien ? Permettez que j'écoute.
Je désire beaucoup apprendre à déclamer.
Cet art fait maints puissants que chacun peut nommer.
Un bon comédien, vieux proverbe que j'aime,
Pourrait en remontrer à son curé lui-même.

FAUST.

Oui, lorsque ce dernier est un comédien,
Ce qu'on peut rencontrer.

WAGNER.

Mais moi, que tout retient
Dans ma chambre d'étude, et qui ne voit le monde
Que par le jour lointain de sa lucarne ronde,
Comment ferai-je pour devenir éloquent ?

FAUST.

Sentez profondément, ou restez impuissant.
Que toujours le discours sache puiser sa flamme
Dans un sentiment vrai, dans les sources de l'âme.
Quant à vous, vains rhéteurs, aux cœurs secs et glacés,
Sur vos feuillets moisis, amassez, compulsez ;
Mêlez, broyez ; pillez partout où vous trouvez à prendre.
Vos deux mains sur le marbre ont entassé la cendre,
Et d'un souffle impotent vous pensez l'allumer ?
Des singes et des fous faites vous acclamer !
Qui veut toucher les cœurs doit être ému lui-même.

WAGNER.

Mais c'est le beau débit qu'on approuve et qu'on aime.
Qui ne sait déclamer n'est point un orateur,
Et le geste et la voix font le succès flatteur.
J'en suis encor bien loin !

FAUST.

Si vous cherchez l'honnête,
Vous n'aurez pas souci de charger votre tête
De grelots tapageurs. La raison, le bon sens,
Brillent avec peu d'art et sans vains ornements;
Et vos mots recherchés, vos brillantes rognures,
Ne sont qu'un vent gonflé de stériles murmures.

WAGNER.

Pour devenir artiste il faut un si long temps,
Et la vie est si courte! Hélas oui, je le sens,
Parfois le cœur me faut dans ma longue critique
Des textes vénérés du vieux monde classique.
Pauvre diable, l'on s'use à savoir le passé,
Et la Parque en chemin coupe son fil pressé.

FAUST.

Les parchemins sont-ils la fontaine sacrée,
Où se doit étancher ta poitrine altérée?
Sache trouver en toi ta consolation;
La poursuivre au dehors est une illusion.

WAGNER.

Mais c'est un grand plaisir de pouvoir se remettre
Dans l'esprit du passé; de chercher à connaître
Ce que tel ancien sage a fait, dit, ou pensé,
Et d'admirer jusqu'où nous avons tout poussé!

FAUST.

Oh oui, jusques au ciel! Ami, les temps antiques
Sont le livre au sept sceaux des Apocalyptiques.
L'esprit des temps passés que l'on prétend revoir,
C'est l'esprit des auteurs: médiocre miroir
Pour réfléchir les temps. Des mots, des phrases creuses,
Un arsenal empli de ferrailles poudreuses,
Des pantins, que l'on fait, avec un grand fracas,

Mâcher de la morale en prenant leurs ébats,
C'est à vous mettre en fuite à la première pause.

WAGNER.

Mais le monde et ses lois? l'esprit, le cœur humain?
Je trouve à les connaître un plaisir souverain.
Chacun de leurs secrets veut savoir quelque chose.

FAUST.

Oui, nous disons savoir, quand cependant nul n'ose
Donner à son enfant son véritable nom,
Mouler de ses pensers la pleine expression;
Et qu'un rare génie, en sa franchise altière,
Découvre imprudemment son âme toute entière,
Il sera brûlé vif ou jeté sur la croix!
Mais il est tard, ami; brisons pour cette fois.

WAGNER.

J'eusse bien volontiers veillé la nuit entière.
A causer savamment avec vous, l'on s'éclaire.
Mais c'est Pâques demain, et j'irai jusqu'au bout.
J'en sais beaucoup déjà, mais voudrais savoir tout.
(Il sort.)

FAUST, seul.

Que tu tiens puissamment, ô trompeuse espérance,
Au cœur qui se nourrit d'une vaine apparence!
Tu promets des trésors à son ardent labeur:
S'il trouve un ver de terre, il chante son bonheur.

Et cette voix stupide a pu se faire entendre,
Dans ces lieux où l'Esprit avait daigné descendre?
Hélas, pour cette fois tu mérites merci,
Toi, le plus pauvre enfant des enfants de la terre!
Car je m'abandonnais à mon amer souci;
Ma raison s'égarait; j'étais un nain vulgaire,
Devant la vision qui m'apparut ici.

Moi, l'image de Dieu, qui croyais lire enfin
Dans le miroir du jour éternel et divin,
Et, pareil à l'archange emporté par son aile,
Avoir abandonné ma dépouille mortelle,
Sondant l'être, nageant au sein du firmament...
Pour punir mon orgueil d'un juste châtiment,
Il a suffi d'un mot de ta bouche cruelle!

Non, je ne puis songer à m'égaler à toi!
Si j'ai pu t'évoquer, à rester près de moi
Je n'ai pu te contraindre; et ce moment d'ivresse
Où parut à la fois ma force et ma faiblesse,
Me rejette au milieu de notre orage humain.
Que faire? A quelle voix demander mon chemin?
Aux élans de mon cœur faut-il que j'obéisse?
Que laissant mes pensers, je cours au loin, j'agisse?
Mais les actes eux-mêmes affligent notre main,
Hélas, et ce n'est là que changer de supplice!

Prenez de votre esprit le plus noble idéal!
Toujours vient s'y mêler quelque élément fatal.
Menés par nos labeurs à l'or, à la fortune,
La vertu qui vaut mieux bientôt nous importune,
Et les plaisirs des sens étouffent dans nos seins,
Ce par quoi nous vivons, nos désirs les plus saints.

L'imagination vers l'infini s'élance,
Aspire à l'éternel, s'enivre d'espérance;
Puis, voyant les débris de ses illusions,
Un trou lui suffira. Les basses passions,
Soucis cuisants, envie, ingratitude amère,
Versent alors au cœur leur poison de vipère.
Tout nous devient suspect; femme, parents, amis,
Tout prend un masque; on voit partout des ennemis;
On tremble devant cent périls imaginaires,
Et nos biens les plus sûrs augmentent nos misères.

Moi, l'image de Dieu ! Non, je ne la suis pas.
Je suis le vermisseau qui mange la poussière,
Qui n'a jamais du ciel respiré la lumière,
Et que le voyageur écrase sous ses pas.

Ces livres, ces flacons, ces tables, ces murailles,
Ce monde vermoulu qui m'a dans ses entrailles,
Tout cela n'est-il pas cendre, poussière et nuit ?
Faut-il, jusqu'au tombeau, relire en ce réduit,
Que l'homme, de tout temps, gémit et se tourmente ?
Crâne vide, d'où vient ta face ricanante ?
Tu me dis, n'est-ce pas, que jadis, comme moi,
Tu poursuivis le vrai, le jour léger, la foi,
Et que tu t'égaras de façon pitoyable !
Et vous, mes instruments, votre air est respectable,
Et vous étiez la clef qui me devait ouvrir
Les portes du savoir ; vous raillez à plaisir !
Vous ne trouverez pas le jeu de la serrure.
Même en son clair midi la discrète nature,
Sur ses membres divins retient son voile épais,
Et tout ce qu'elle veut cacher de ses secrets,
Ton art et tes leviers ne sauraient le lui prendre.
Inutile attirail que ma lampe a noirci,
Venu de mes aïeux, je vous ai jusqu'ici
Saintement conservé : vous n'étiez bon qu'à vendre !
N'eût-il pas mieux valu dissiper et jouir,
Qu'en votre compagnie angoisser et souffrir ?
C'est pour le posséder qu'on veut d'un héritage ;
L'inutile est bien vite un fardeau pour le sage ;
Ce que l'instant créa seul profite à l'instant.

Mais pourquoi mon regard, comme sur un aimant,
S'attache-t-il avide à ce flacon d'argent ?
Quelle douce clarté brille en mon infortune,
Comme dans un bois sombre un léger clair de lune ?

Je te salue, ô fiole unique, vénérable !
Toi, du génie humain chef-d'œuvre véritable,
Essence des doux sucs qui donnent le sommeil,
Philtre qui fait dormir sans qu'on songe au réveil !
Ne veux-tu pas montrer ta faveur à ton maître ?
Je te vois, et je sens se calmer ma douleur;
Je te prends, et ton charme agit et me pénètre;
De mon sein tourmenté les vagues en fureur
S'abaissent par degrés, et l'Océan tranquille
Vient étendre à mes pieds son miroir immobile.

Un char de feu s'élance aussi prompt que l'éclair;
Il m'enlève, il m'arrache au sein de la nature;
Baignez-vous mes pensers dans les flots de l'éther,
Et triomphez au sein de l'activité pure!
O vie, enthousiasme, et lumière des dieux !
Je connais le secret de m'ouvrir votre sphère,
Je sais comment forcer la voûte de vos cieux.
Oui, détournons la tête au soleil de la terre,
Et, de ma forte main, frappons résolument
Les portes que chacun évite en pâlissant.
Il est beau de montrer que la vertu virile
A la vertu des dieux peut ne céder en rien;
Et je vais m'avancer, d'un front noble et tranquille,
A ce gouffre fameux de qui nul ne revient,
Et que, pour son tourment, l'humaine fantaisie,
Charge de tous les maux qu'on souffre en cette vie.
Oui, je franchirai seul le défilé béant,
L'âme haute, dussé-je aboutir au néant.

Viens, descends maintenant de ton réduit antique,
O coupe de cristal, admirable relique,
Noble et suprême effort d'un artiste accompli,
Et que depuis trente ans j'ai laissé dans l'oubli !
Quand tu brillais jadis aux festins de nos pères,

Tu savais égayer les fronts les plus sévères.
Chacun, de main en main, te passant tour à tour,
Devait chanter ta gloire et ton divin contour,
Puis vider d'un seul trait ta chaude et belle ivresse.
Tu viens me rappeler maintes nuits de jeunesse.
A mon voisin, ce soir, je ne te tendrai pas;
Je n'aurai pas d'esprit pour chanter tes appas;
Cette liqueur produit une ivresse trop prompte.
Vois comme son flot noir jusqu'à tes lèvres monte!
Viens, viens, mon âme entière est dans mon dernier toast:
A l'aurore du jour qui se lève pour Faust[1]!

## SONS DE CLOCHES ET CHANTS EN CHŒUR.

CHŒUR DES ANGES.

Christ est ressuscité!
Gloire à Dieu, notre père!
Paix et bonheur sur terre!
Il a vaincu du mal héréditaire
L'aiguillon redouté.

FAUST.

Quel son grave et puissant et quelles voix touchantes?
Le poison a tremblé dans mes mains frémissantes.
L'aube déjà vient-elle annoncer le retour
De cette heure où l'archange aussi blanc que le jour,
Planant sur le rocher de notre délivrance,
Proclamait dans les airs la nouvelle alliance?

CHŒUR DES FEMMES.

Nous l'avions entouré de parfums et d'essence,

[1] *Variante préférable :*

C'est moi qui l'ai formé, je le bois sans retour,
Libation suprême à l'aurore du jour!

Et sur des draps de lin, ainsi qu'en un berceau,
Nous l'avions doucement couché dans son tombeau.
De notre bien-aimé qui nous dira l'absence ?

CHOEUR DES ANGES.

Christ est ressuscité !
Heureux le cœur fidèle,
Qui n'a jamais douté
Dans l'épreuve cruelle !

FAUST.

Par vos charmes secrets, chœurs mystiques et doux,
Dans la poudre où je suis pourquoi me troublez-vous ?
Allez donc retentir aux oreilles des femmes ;
Remuez les ressorts de leurs timides âmes.
J'entends bien la nouvelle, est-ce donc que j'y croi !
Le miracle est l'enfant bien-aimé de la foi.
Je ne me risque pas à monter au solstice,
D'où vient de retentir la voix consolatrice.
Pourtant, par ces accords dès l'enfance bercé,
De mes jeunes bonheurs le souvenir pressé,
Vient reprendre en mon cœur sa force souveraine.
Oui jadis, au dimanche, ainsi qu'un doux baiser,
L'amour divin venait sur mes yeux se poser ;
Les cloches m'ébranlaient de leur voix grave et pleine ;
Mes prières étaient une extase sereine ;
Une indicible ardeur m'emportait, palpitant,
Dans les bois, sur les monts, vers le rouge occident ;
Je riais, je pleurais ! Émotion profonde,
Dans mon sein tu faisais remuer tout un monde.
Oh ! de mes premiers ans je revois tous les jeux,
Le printemps et ses fleurs, le ciel pur et ses feux.
Chantez, chantez encor cantique tutélaire !
Des pleurs mouillent mes yeux, j'appartiens à la terre !

CHŒUR DES DISCIPLES.

De la tombe vaincue,
Celui que nous aimions
Déjà s'est-il élancé dans la nue?
A-t-il repris sa gloire et ses rayons,
Le cours triomphant de ses créations?
Hélas, sur cette terre
De souffrance et misère,
Loin de lui nous restons!
Il nous a quittés, et nous languissons!

CHŒUR DES ANGES.

Christ est ressuscité!
Oubliez vos peines,
Et brisez vos chaînes!
Sainte charité
Partage, à tes frères,
Montre sa bonté!
Prêchez, missionnaires,
Sa félicité!
Le plus doux des pères
Est auprès de vous,
Et vous garde tous!

---

## DEVANT LA PORTE DE LA VILLE.

Promeneurs de tous genres, qui sortent de celle-ci.

OUVRIERS COMPAGNONS.

Pourquoi de ce côté?

D'AUTRES.

Nous allons de ce pas
A la Maison de chasse.

LES PREMIERS.

Et nous prenons là-bas,
Pour gagner le Moulin.

L'UN D'EUX.

Allez à la Fontaine,
Le but est plus joli!

UN AUTRE.

Mais la route, non pas!

UN TROISIÈME.

Et que fais-tu, l'ami?

UN QUATRIÈME.

Je vais où l'on me mène!

UN AUTRE.

Rendons-nous à Burgdorf, la perle des endroits!
On y trouve toujours les plus gentils minois,
De la bière et du vin...

UN SECOND.

Et surtout des querelles!

LE PREMIER.

Faut bien risquer un peu pour courtiser les belles.

UN TROISIÈME.

On t'a battu trois fois, le joyeux compagnon!
Ta peau paraît surtout courtiser le bâton.

UNE SERVANTE.

Non! je retourne en ville.

DEUXIÈME SERVANTE.

Il viendra, je t'assure.

PREMIÈRE SERVANTE.

J'en aurai grand profit! La vilaine figure!

C'est toi seul à présent qu'il invite à danser !
Tu veux de tes plaisirs que j'aille m'amuser.

PREMIÈRE SERVANTE.

Mais nous aurons aussi le beau frisé, Nicole.

PREMIER ÉTUDIANT.

Tudieu, comme elles vont les gaillardes là-bas !
Une pipe, un bon bock, une soubrette folle,
Assurent mon bonheur. Frère, hâtons le pas !

JEUNE FILLE BOURGEOISE.

Vois-tu les beaux garçons ! n'est-ce pas une honte ?
Ils pourraient fréquenter du monde comme il faut,
Mais ils courent après des bonnes.

SECONDE JEUNE FILLE.

Sois moins prompte !
Le plus jeune, je crois, nous attendra bientôt.

SECOND ÉTUDIANT.

Non frère, écoute-moi ! Là-bas viennent deux belles
En pimpants attiffets. J'ai quelque brin pour elles,
Car je suis leur voisin. Ne nous dépêchons pas,
Laissons-nous rattraper et nous prendrons leur pas.

PREMIER ÉTUDIANT.

Celles-là ? Non, morbleu ! Je n'aime pas la gêne.
Hâtons-nous pour gagner un gibier plus joyeux.
La main qui balaya six jours de la semaine,
Le dimanche venu sait caresser le mieux.

PREMIER BOURGEOIS.

Notre nouveau bourgmestre, à moi, ne me plaît guère.
Depuis qu'il est en place, il prend un ton sévère,
Important, et répond par d'insolents refus.
Qu'a-t-il fait pour la ville ? est-ce ainsi qu'on la gère ?
Il nous faut obéir et payer toujours plus.

UN MENDIANT.

Mon bon monsieur, ma belle dame,
Si richement endimanchés,
Écoutez ma voix qui réclame
Un petit sou, — soyez touchés !
Que ma plainte ne soit pas vaine!
Qui peut donner seul est heureux.
Qu'un jour qui vous fait tous joyeux,
Apporte au pauvre son aubaine.

DEUXIÈME BOURGEOIS.

Il n'est pas, le dimanche, un seul plaisir qui vaille,
Le plaisir de parler de guerre et de bataille.
Tandis que chez les Turcs, là-bas, bien loin de nous,
Des peuples furieux se portent de grands coups,
Assis à la fenêtre, on déguste son verre
En voyant les bateaux courir sur la rivière;
Puis, l'on rentre le soir au logis, satisfaits,
En se félicitant du calme et de la paix.

TROISIÈME BOURGEOIS.

Je pense comme vous. Qu'ils se cassent la tête
A leur aise, voisin, et se brisent les os!
Que l'orage là-bas tourbillonne et tempête,
Pourvu qu'en nos maisons tout demeure en repos.

UNE VIEILLE.

Hé, hé! la belle enfant et la fine toilette!
Qui pourra s'empêcher de lui conter fleurette?
Mais çà, çà, pas si fière; attendez! car l'on sait,
Et l'on peut vous avoir l'amoureux qui vous plaît.

JEUNE FILLE BOURGEOISE.

Fuyons, fuyons Agathe. Il faut éviter, chère,
De causer en public avec cette sorcière.
La nuit de Saint-André m'a-t-elle pas fait voir
Mon futur en personne au fond de son miroir.

AUTRE JEUNE FILLE.

Moi, c'est dans un cristal : un hardi militaire,
Avec ses compagnons revenant de la guerre.
Depuis, à tout instant, je crois le rencontrer,
Mais il n'a jusqu'ici pas voulu se montrer.

SOLDATS.

Rempart menaçant
Et fille hautaine
Deviennent l'aubaine
Du soldat vaillant!
Si grande est la peine,
Le prix est plus grand!

Sonnez, ô trompette,
Et pour la tempête
Et pour le plaisir!
Assaut et bataille!
Et fille ou muraille
Sauront s'adoucir.
Superbe est l'aubaine
Du soldat vaillant!
Si grande est la peine,
Le prix est plus grand!

Et tambour battant,
Nous quittons la plaine.

FAUST ET WAGNER arrivent.

FAUST.

Le doux soleil d'avril ranimant toute chose,
Déjà de leur écorce a délivré les eaux;
Le torrent s'éjouit de sa métamorphose,
Et le vallon espère en ses premiers rameaux.
L'hiver découragé dans ses monts se retire,

Et, d'un souffle affaibli, jette encore, en fuyant,
Quelques blancs tourbillons de grésil en délire,
Sur l'herbe qui frissonne et s'en pare en riant.
Mais le soleil ne souffre aucune tache blanche;
Tout prend vie, action, formes, beauté, couleurs;
Il jette sur le pré tout ce peuple en dimanche,
Prévenant le printemps qui lui rendra ses fleurs.
Regarde-les sortir, la figure ravie,
En essaims bourdonnants des murs de la cité.
Vois, d'un bain de soleil, chacun se gratifie.
Ils fêtent à l'envi le Christ ressuscité :
Ce sont eux qui le sont; de leurs sombres boutiques,
De leurs noirs ateliers, de leurs réduits affreux,
Et de la large nuit des églises gothiques,
Ils ont ressuscité dans le jour radieux.
Vois, la foule animée en tous sens se disperse;
Le fleuve disparaît sous les nombreux rameurs;
Et ce dernier canot, on craindrait qu'il ne verse
Tant ils l'ont surchargé de joyeux promeneurs.
Les costumes nouveaux, les étoffes voyantes
Brillent dans les sentiers de nos lointains coteaux;
Le village déjà s'emplit de voix bruyantes,
Les chants, les cris de joie agitent les échos.
Est-il rien de plus franc que leur bonheur champêtre?
Regarde-les danser, bondir grands et petits !
C'est bien là que du peuple est le vrai paradis.
Je m'y sens homme aussi, tout entier j'ose l'être.

WAGNER.

C'est honneur et profit, savant maître, pour moi,
Que de me promener sur la place avec toi.
Mais, parmi les ébats du peuple qui fourmille,
Wagner tout seul jamais ne se serait risqué.
Le grossier m'a toujours profondément choqué.
Leurs violons, leurs cris, leurs bonds, leurs jeux de quille,
Me donnent la berlue. Ils s'amusent, dit-on !
Je les croirais plutôt possédés du démon.

PAYSANS SOUS LE TILLEUL.

(Chants et danse.)

I

Berger, prends tes habits de fête,
Orne ton front d'un vert rameau!
Voici la danse qui s'apprête,
Viens conquérir un cœur nouveau.
Déjà la place est envahie,
L'on danse et saute à la folie.
Jouhé, jouhaïsa, haïsa, ché!
Violons, chantez sous l'archet!

II

Leste, dans la foule il se jette,
Et touche fillette en passant.
« Cette manière est assez bête ! »
Dit aussitôt la belle enfant.
Mais son courroux déjà fait place,
A l'œil qui rit et qui l'agace.
Joué, jouhaïsa, haïsa, vé,
Soyez un peu mieux élevé!

III

On danse à gauche, on danse à droite,
Les jupes volent à tout vent;
Notre amoureux qui la convoite,
L'engage toujours plus souvent.
Rouge et chaude son bras l'entraîne;
Sans déserrer l'on prend haleine.
Jouhé, jouhaïssa, haïssa, mé,
L'ami neuf est le plus aimé.

IV

« Ah, je devrais bien te défendre
De te montrer si familier !
Hélas, le galant le plus tendre,
De nous sait le mieux se railler. »
Mais lui, par ces douces paroles,
Sut l'entraîner sous les grands saules.
Jouhé, jouhaïssa, haïssa, rè,
Chantait l'écho de la forêt.

VIEUX PAYSAN.

Vous venez à nos jeux ; soyez béni, docteur,
Et prenez de ma main cette coupe d'honneur !
Que son breuvage pur en santé vous conserve ;
Vive le noble Faust! Que le ciel lui réserve
Autant de jours qu'elle a de gouttes dans ses flancs !

FAUST.

J'accepte volontiers tes joyeux compliments,
Et je bois à vous tous, aux vieux, à la jeunesse,
Au printemps qui remet la nature en liesse !

(La foule fait cercle autour de lui.)

VIEUX PAYSAN.

Oui, nous connaissons tous la bonté de ton cœur,
Et nous sommes heureux de te voir à nos fêtes ;
Car, lorsque le malheur avait courbé nos têtes,
Quand la peste régnait avec tant de rigueur,
Nombre de ces vieillards à la mine prospère,
Durent la vie aux soins de votre digne père.
Et vous suiviez ses pas partout, bien jeune alors ;
Les malades mouraient ; on entassait les morts.
Mais la contagion n'osa pas vous atteindre,
Et le ciel préserva qui nous aidait sans craindre.

TOUS.

Vive l'homme vaillant, qu'il puisse encore aider !

FAUST.

Remerciez là-haut qui peut tout accorder.
(Il passe.)

WAGNER.

Quelle noble fierté doit envahir ton âme,
O grand homme, en voyant ce peuple qui t'acclame.
Heureux qui du savoir tire de tels profits !
Les pères à l'envi te montrent à leurs fils ;
On court à ton approche, on se groupe, on se presse ;
La danse est oubliée et le vacarme cesse ;
Tu parais : on se forme aussitôt sur deux rangs ;
Muets et chapeaux bas. Vraiment, ces braves gens
Pour un peu tomberaient à genoux sur la place,
Comme ils y tombent quand le Saint-Sacrement passe.

FAUST.

Demeurons un instant sur ce roc isolé.
Souvent, quand du fléau les horribles ravages
Couvrirent autrefois ce pays désolé,
Enfant, je vins ici chercher de doux présages.
J'avais prié, jeûné pendant le jour entier,
J'étais exténué ; mais, riche d'espérances,
Je croyais que le ciel allait s'apitoyer,
En voyant mes soupirs, mes larmes, mes instances.
Ah, si tu pouvais lire aujourd'hui dans mon cœur !
Leurs acclamations sont une raillerie.
Le père ni le fils n'en méritent l'honneur.
Mon père, vieux digne homme, avait pris la manie,
De scruter la nature en ses obscurs secrets.
C'était de bonne foi, mais d'étranges manières.
Avec quelques naïfs poursuivant ses projets,
En son laboratoire il mêlait les contraires.

Au rouge Lion d'or, son hardi prétendant,
Dans une onde tiède et longtemps préparée,
Il mariait soudain le double Lys d'argent.
Puis, chauffant ses fourneaux, une flamme pourprée,
De leur lit nuptial chassait les deux époux,
Qui cherchent frémissants un séjour plus tranquille;
Mais en vain; sans répit, un feu toujours moins doux,
Les poursuivait dix fois et d'asile en asile.
Mon père triomphant prend alors sa liqueur;
Il l'admire, il lui croit une vertu magique.
Tout malade en boira, dût lui tourner le cœur.
Les patients mouraient; mais de leur sort tragique
Qui se fût informé? Nos breuvages d'enfer,
Ainsi plus que la peste, ont dépeuplé la ville.
Cette main, leur versant de ce poison amer,
Dans le malheur public croyant se rendre utile,
Au lieu de les guérir les tua par milliers:
Et je vis, pour qu'on fête en nous les meurtriers!

WAGNER.

Faut-il vous tant peiner! Que reprocher à l'homme
Qui pratique son art en franchise de cœur,
Et tel qu'il le reçut de ses maîtres? En somme,
Alors qu'un jouvenceau tient son père en honneur,
A ses doctes conseils il soumet sa jeunesse.
Si plus tard d'inventer lui-même a le bonheur,
Il enseigne à son tour, et l'art ainsi progresse.

FAUST.

Ah! bienheureux celui qui garde encore la foi
De flotter sur ce monde en mensonges fertile!
De ce que l'on ignore on eût trouvé l'emploi,
Et ce que l'on savait vous demeure inutile.
Mais chassons ces pensers. Vivas, du soleil couchant,
Ami, je veux jouir à cette heure si belle.
Admire avecque moi ce vaste embrasement!

Dans les champs empourprés la chaumière étincelle.
L'astre décline et tombe, et le jour a vécu;
Mais il s'en va porter la vie à d'autres plaines.
Puissé-je m'élancer, et d'un vol invaincu,
Sans trêve le poursuivre en ses courses lointaines;
Voir l'éternel couchant doucement engourdir,
Dans sa tunique d'or, sa terre bien aimée;
Les monts étinceler, les vallons s'obscurcir
Et le fleuve rouler une vague enflammée.
Rien ne m'arrêterait; j'irai, semblable aux dieux,
Par delà les sommets, par delà les abîmes.
Quel immense horizon se déroule à mes yeux?
Déjà de l'Océan étincellent les cimes.
Je salue et j'admire, et déjà l'astre fuit;
Je reprends mon élan, je bois à sa lumière,
Volant au jour, sans cesse échappant à la nuit;
Mon front est dans les cieux, perdue au loin la terre.
Beau rêve! Mais, hélas, les ailes de l'esprit
N'en donnent point au corps; son poids de plomb demeure.
Et cependant tout homme au sublime zénith
Monte si volontiers, sans effort, à son heure,
Quand l'alouette chante en volant vers les cieux,
Quand l'aigle tout-puissant plane sur les montagnes,
Et que la grue, en peur de nos ciels pluvieux,
Pour suivre le soleil fuit avec ses compagnes.

WAGNER.

Je me sens, quelquefois aussi, capricieux;
Mais, Dieu merci, jamais ça n'eut cette tournure.
J'en ai bien vite assez d'admirer la nature,
Et je n'envie en rien les ailes des oiseaux.
Les plaisirs de l'esprit sont pour moi bien plus beaux.
Noter un manuscrit, aller de livre en livre,
Voilà mon vrai bonheur, et lui seul me fait vivre.
Ainsi les nuits d'hiver coulent en un moment;

Une sainte chaleur monte au corps; et vraiment
Mes dignes parchemins, quand ma main vous découvre,
Je crois qu'en mon réduit c'est le ciel qui s'entrouvre.

FAUST.

Ah! tu ne vois le monde, ami, que d'un côté;
Ne connais jamais l'autre! En moi je sens deux âmes,
Luttant pour se disjoindre et pour leur liberté.
Méprisant notre nuit, l'une, en ses chastes flammes,
Comme s'en souvenant, monte et s'élance aux cieux;
L'autre avec passion s'attache à notre terre,
S'y cramponne et poursuit des plaisirs furieux.
Oh! s'il est quelque esprit flottant intermédiaire
Entre le ciel et nous, de son brouillard léger,
Qu'il vienne raffraîchir mon cœur qui désespère!
Que ne puis-je voler au loin, à l'étranger,
Emporté dans les airs par un manteau magique!
Il me serait plus cher que le manteau d'un roi.

WAGNER.

D'évoquer les esprits, ô maître, garde-toi!
Tu pourrais nous jeter dans un danger critique.
Les fins enfants du Nord, aussitôt accourus,
Nous déchirent la peau de leurs ongles crochus;
Les essaims desséchés que l'Orient amène,
S'abreuvent volontiers de notre chaire humaine;
Les nourrissons du Sud, nés dans les chauds limons,
Ont un souffle enflammé tout comme des démons;
Ceux d'Occident d'abord paraissent délectables,
Tout en est rafraîchi; mais c'est pour mieux frapper:
Ils inondent nos champs, nos vignes, nos étables.
N'évoque aucun d'entre eux! Ardents à nous tromper,
Ils viendraient aussitôt en prenant des voix d'anges,
Et nous accableraient de souffrances étranges.
— Mais, rentrons au logis; le jour baisse, il fait tard.
C'est malsain de rester la nuit dans le brouillard.

FAUST.

Que nous veut ce chien noir? Comme il tourne. Regarde!

WAGNER.

Je le vois dès longtemps, mais n'y prend nulle garde.

FAUST.

Quel peut être en effet cet étrange animal?

WAGNER.

C'est un simple barbet à tous autres égal,
Qui cherche avec ardeur son maître à sa manière.

FAUST.

Ne remarques-tu pas sa marche circulaire?
Autour de nous sans cesse elle se rétrécit.
Il semble, sous ses pas, que la flamme jaillit.

WAGNER.

Je ne vois qu'un chien noir; c'est une erreur d'optique.

FAUST.

Il cherche à nous presser dans un cercle magique.

WAGNER.

Moi, je le vois courir craintif, déconvenu :
C'est qu'au lieu de son maître, il trouve un inconnu.

FAUST.

Comme il revient sur nous! Quel étrange symptôme!

WAGNER.

Tu le vois, c'est un chien; ça n'a rien d'un fantôme.
Il se met sur le ventre et n'ose t'aborder,
Puis il grogne et bondit : il aime à gambader.

FAUST.

Ici ! viens çà ! suis-nous !

WAGNER.

Une savante bête !
Tu parles, il accourt ; tu restes, il s'arrête.
Jette ta canne au fleuve, il te l'ira chercher.

FAUST.

Tu peux avoir raison ; on a su le dresser,
C'est là tout son mérite.

WAGNER.

Eh ! un sage lui-même,
Peut s'amuser aux jeux d'un chien savant qu'il aime.
Celui-ci paraît fort; fais-en ton prisonnier.
N'est-il pas, en sous-ordre, un parfait écolier !

---

## CABINET D'ÉTUDE.

FAUST entre, suivi du barbet.

J'ai quitté les champs et la plaine;
La nuit étendait son manteau ;
La majesté dont elle est pleine,
Réveille en nous un cœur nouveau.
Loin de moi cet élan sauvage,
Cette fièvre à la gorge en feu !
Mon âme reprend en partage
L'amour des hommes et de Dieu.

En repos, animal ! quelle rage t'emporte ?
Pourquoi viens-tu flairer au seuil de cette porte ?
Mets-toi derrière le poêle, et reste à ton coussin !

Tes bonds ont su tantôt distraire mon chemin;
Au coin de mon foyer, je t'accorde un asile;
Mais sache être à ton tour agréable et tranquille.

Quand la lampe revient briller
Dans le vieux cabinet d'étude,
On sent le cœur se dépouiller,
De tumulte et d'inquiétude.
La raison descend nous parler,
On tient les fleurs de l'espérance,
Et l'on aspire à s'envoler
Aux sources de toute existence.

Tais-toi, barbet ! Peux-tu mêler ici
Tes grognements à mes voix séraphiques?
Si les humains en agissent ainsi,
Versant toujours leurs amères critiques
Sur les cœurs prompts à s'enthousiasmer,
A leur instar te faut-il blasphémer?

Mais le trouble renaît dans mon âme inquiète.
Pourquoi donc le flot pur a-t-il sitôt tari?
C'est le sort, je le sais; la vie est ainsi faite.
Quelle étude pourrait me prêter un abri?
L'inspiration sainte en aucun lieu ne brille
Comme dans les récits du Nouveau-Testament.
Prenons l'original, et, d'une âme tranquille,
Si je le traduisais dans mon vieil allemand?
Oui !

(Il prend le volume et se prépare.)

Il est écrit : « Au commencement
Était le *Verbe.* »

Déjà je m'embarrasse et m'arrête interdit !
La parole n'a pas cette valeur superbe,
Et je dois trouver mieux si je comprends l'esprit;

Mettre : « Au commencement était l'*Intelligence.* »
Mais, réfléchissons bien sur notre premier pas;
Qu'au début du chemin je ne m'égare pas.
Est-ce bien la raison qui crée avec puissance?
Non! il faudrait la *Force*: elle seule a produit.
Et cependant, déjà quelque chose me dit
Que ce mot à son tour est plein d'insuffisance.
Oui! mon esprit s'éclaire et j'écris hardiment :
« C'est l'*Action* qui fut dès le commencement. »

Chien, si tu veux rester mon hôte,
Pour dieu, cesse ton hurlement;
Je ne puis garder côte à côte,
Un compagnon si déplaisant.
L'un de nous doit vider la place;
Je romps mon hospitalité.
C'est à regret que je te chasse;
Pars et reprends ta liberté !
Mais quel spectacle! est-ce un prodige?
Suis-je le jouet d'un vertige?
Il se gonfle, il monte, il grandit;
Il perd sa couleur et sa forme;
Il souffle, il frissonne, il mugit;
Il soulève sa masse énorme.
C'est un spectre que j'ai conduit!
Sa gueule respire la flamme;
Ses naseaux fument, et son œil luit :
Tel un hideux hippopotame.
Mais je te tiens, et par mon âme,
Tu vas parler d'un autre ton!
Car sur ton infernale engeance,
Je vais éprouver la puissance
De la clef du grand Salomon.

ESPRITS, *dans le corridor.*

On a pris l'un des nôtres,

Comme un renard
Au traquenard.
Il était pour nous autres
Un compagnon
Bon,
Un des fins apôtres
Qui fût aux enfers.
Tournoyez et volez, faites tomber ses fers!

FAUST.

Monstre hideux, pour te combattre,
Je sais la formule des quatre.
« Salamandre, brûlez!
Ondine, submergez!
Sylphe, disparaissez!
Gnome, travaillez! »

Qui des quatre éléments
A connu la puissance,
Craindrait-il la présence
Des esprits malfaisants?

« Salamandre, brûlez, ardente, dans la flamme!
Ondine, noyez-vous au flot qui vous réclame!
Sylphe léger, dissipe-toi dans l'air!
Incube, viens fermer cette chaîne de fer! »

Aucun des quatre
Dans l'animal;
Pour le combattre,
Je m'y prends mal.
Mais je saurai t'abattre
Par un nom sans rival.
N'es-tu pas, gibier de potence,
Quelque échappé du noir séjour?
Ose essayer une défense,
Devant la croix du Dieu d'amour.

Ah! ah! ta gueule écume et ton crin se hérisse.
Esprit damné crains sa justice,
Tremble, voici son tour!

« Par l'incréé, l'inexprimable,
Dans les cieux épandu,
Par le sang adorable
Que le crime a vendu! »

Demi-vaincu, contre le poêle
Il voudrait fuir et se cacher;
Mais là sa masse s'amoncèle,
Et tend partout à s'épancher.
Allons, obéis à ton maître,
Ou bien je te roussis vivant!
Je te commande de paraître,
Par le triple feu dévorant,
Par la Trinité du grand Être!

(Le nuage tombe, et Méphistophélès apparaît sous l'habit d'un bachelier errant.)

MÉPHISTOPHÉLÈS.

Hé pourquoi tout ce bruit? Que désire monsieur?

FAUST.

Voilà donc le noyau de ce barbet rageur!
Un bachelier errant! L'espèce me fait rire.

MÉPHISTOPHÉLÈS.

Compliments, grand docteur! Vous m'avez, je puis dire,
Rudement fait suer.

FAUST.

Comment t'appelles-tu?

MÉPHISTOPHÉLÈS.

La pauvre question pour la haute vertu
Qui méprise si fort le mot et l'apparence,
Et voudrait pénétrer l'être dans son essence.

FAUST.

On connaît tes pareils quand a dit leur nom :
Corrupteur et menteur, belzébuth ou démon.
Mais si tu l'aimes mieux, dis ta valeur réelle?
Parle!

MÉPHISTOPHÉLÈS.

Une fraction de la force éternelle
Qui veut toujours le mal et fait toujours le bien.

FAUST.

Tu te plais à semer d'égnimes l'entretien.

MÉPHISTOPHÉLÈS.

L'esprit qui toujours nie, et c'est avec justice.
Puisque rien ne saurait naître qui ne périsse,
Vaudrait-il pas autant que rien fût jamais né?
Péché, destruction, d'un mot, le mal damné,
Voilà mon élément!

FAUST.

Tu t'appelles partie
Quand tu parais entier?

MÉPHISTOPHÉLÈS.

Prise ma modestie.
L'homme, ce petit monde extravagant et fat,
S'imagine être un tout. Je ne suis, sans éclat,
Q'un infime morceau du tout originaire;
Une part de la nuit d'où naquit la lumière.
Cette orgueilleuse enfant, à sa mère, dès lors,
Partout a disputé l'empire : vains efforts!
Elle émane des corps et s'arrête aux surfaces,
Impuissante à percer leurs opaques cuirasses.
Aussi j'ai bon espoir de l'enterrer un jour.

FAUST.

Ton infâme métier se montre sans détour.

Trop misérable pour t'attaquer à l'ensemble,
Tu détruis en détail.

MÉPHISTOPHÉLÈS.

J'avance peu, ce semble.
La substance elle-même, à mon effort géant,
Invincible s'oppose et résiste au néant.
J'ai beau souffler les feux et les vents sur vos têtes,
Faire trembler la terre et mugir les tempêtes,
Bouleverser, brûler et noyer : rien n'y fait.
Tout dans l'ordre à la fin retourne et se remet.
Je détruis par milliers, dans ma rude vengeance,
Plantes, bêtes, humains ! l'inépuisable engeance,
Voit toujours d'un sang neuf renaître ses enfants.
C'est à devenir fou ! Milles germes puissants,
Dans le froid, dans le chaud, dans le sec et l'humide,
Remontent à la vie avec une âme avide !
Et si je ne m'étais réservé seul le feu,
Je ne serai chez moi, vraiment, en aucun lieu.

FAUST.

C'est ainsi que ta main diabolique et glacée
Vient partout traverser la sublime pensée
Qui produit, et conserve, et féconde, et bénit.
Tu fais un beau métier, du cahos fils maudit !

MÉPHISTOPHÉLÈS.

Oui, j'y réfléchirai ! nous reprendrons ce thème.
Aujourd'hui, laisse-moi partir.

FAUST.

A l'instant même ;
Pourquoi le demander ? Et tu peux désormais
Revenir quand tu veux, puisque je te connais.
Arrive par les toits, la fenêtre ou la porte,
Le chemin qui te plait, ton heure, il ne m'importe.

MÉPHISTOPHÉLÈS.

Je dois te l'avouer! Vois, là-bas, sur le seuil.
Ce pied de sorcière est un fatal écueil
Qui défend ma sortie.

FAUST.

Allons donc, fils du diable!
Ce pentagramme-là te taquine ainsi l'œil[1]?
C'est par là que tu vins; et serait-il croyable
Qu'un gaillard tel que toi fût pris au trébuchet?

MÉPHISTOPHÉLÈS.

Regarde mieux le signe; tu verras qu'en effet
Son angle extérieur a la pointe rompue.

FAUST.

Le hasard m'a servi; c'est chance inattendue!
Je te tiens prisonnier?

MÉPHISTOPHÉLÈS.

Le barbet gambadant,
Est entré sans rien voir dans ton appartement.
Mais le faux pas commis, la chose s'enchevêtre,
Et le diable est captif.

FAUST.

Sors donc par la fenêtre!

MÉPHISTOPHÉLÈS.

Quand nous sommes entrés, c'est une loi chez nous,
Nous ne pouvons sortir que par les mêmes trous.
Nous avons quant à l'un liberté plénière,
Mais l'autre est obligé, comme un terme contraire.

[1] La mythologie du Nord donnait à certaines sorcières des pieds de cygne en forme de pentagramme.

FAUST.

L'enfer même a ses lois? je devais m'en douter.
Donc avec vous, messieurs, l'on pourrait contracter.

MÉPHISTOPHÉLÈS.

Foi promise est chez nous parfaitement gardée.
Mais, je ne puis ici t'exposer cette idée;
Nous en reparlerons. Aujourd'hui, lâche-moi!

FAUST.

Te voilà bien pressé; tu parles d'or ma foi.
Montre-moi mon destin, dis-moi quelque aventure.

MÉPHISTOPHÉLÈS.

De grâce, laisse-moi. Plus tard, je te le jure.

FAUST.

Lorsque l'on tient le diable, il faut le bien tenir.
Bien fou qui s'imagine un jour le ressaisir.

MÉPHISTOPHÉLÈS.

Allons, je m'assieds donc, et te tiens compagnie,
Tout prêt à t'amuser par mes tours de magie.

FAUST.

J'accepte de grand cœur; commence à ton plaisir.
Seulement que ton art me soit un doux loisir.

MÉPHISTOPHÉLÈS.

Dans une heure tes sens s'ouvriront davantage
Par mon art merveilleux, qu'ils n'ont fait en vingt ans.
De mes tendres Esprits écoute le ramage.
Qu'ils baignent ton front nu de parfums odorants,
Qu'ils ravissent tes sens par leurs tableaux vivants,
Qu'ils versent dans ton sein leurs plus douces caresses!
Sache prendre et jouir, et crois en leurs promesses.
Vous pouvez commencer, tout est prêt, mes enfants.

ESPRITS.

Azur du ciel, douce atmosphère,
Entourez son front téméraire,
Calmez son trouble et son ennui!
Immortelles étoiles,
Écartez vos voiles
Et brillez pour lui!
Enfants que balance
Dans sa transparence
Et dans sa clarté
L'éther enchanté,
Que votre innocence
Et votre beauté
Rompent la distance,
Et de volupté,
De caresse et danse,
Enivrent ses yeux!
Campagne fleurie,
Vals délicieux,
Tendre mélodie
De baisers remplie!
Coteaux vaporeux
Au bord des lacs bleus,
Rêve d'harmonie!
D'amours radieux
De nymphes, de dieux,
Unis pour la vie,
Remplissez vos bosquets frémissants et joyeux!

MÉPHISTOPHÉLÈS.

Il dort! gentils lutins je suis content de vous.
Vous avez su trouver des accords assez doux.
Va! tu n'es point encore homme à tenir le diable!
Bercez-le mollement dans un songe impalpable;
Enveloppez ses sens de mille fictions;

Plongez-le dans la mer de ses illusions !
Mais il faut décamper, et pour rompre le charme,
Le diable sait partout se procurer une arme.
J'entends un rat là-bas qui grignotte en son coin;
De conjurer longtemps je n'aurai pas besoin :

« Le seigneur des souris, des rats et des punaises,
Des moustiques, des poux et des bêtes mauvaises,
Ordonne à son sujet
De rompre ce pied
Qui l'a pris en traître. »
L'angle fatal est celui du sommet;
En trois coups de dents fait le disparaître !
Bon ! la chose avance; encore, là, c'est fait !
De rêves docteur, tu peux te repaître.
Pour l'instant, au revoir !

FAUST, s'éveillant.

Encore un vain espoir,
Encore un vain mensonge !
Tout s'évanouit ! Et dire qu'en songe
J'ai cru voir le diable, alors qu'un barbet
M'échappait.

## CABINET D'ÉTUDE.

FAUST.

On frappe? Entrez! Qui vient encor me tourmenter?

MÉPHISTOPHÉLÈS.

C'est moi!

FAUST.

Entrez!

MÉPHISTOPHÉLÈS.

Il faut trois fois le répéter.

FAUST.

Que d'affaire! Entre donc!

MÉPHISTOPHÉLÈS.

Tu me plais de la sorte!
Mais admire à ton tour comment je me comporte.
Vêtu d'écarlate et d'or, la plume au chapeau,
La longue épée au flanc sous le raide manteau,
Je viens à toi, brillant et parfait gentilhomme,
T'arracher à ces lieux où ton esprit s'assomme.
A mon instar tu vas sitôt te revêtir,
Et nous allons courir le monde et le plaisir.

FAUST.

Sous l'habit d'or, la vie est-elle moins étroite!
Je suis trop vieux pour rire, encor que je convoite.
Prive-toi! prive-toi! c'est l'éternel refrain
Qui partout, nuit et jour, bourdonne à notre oreille,
Le compagnon forcé qui suit notre chemin.
Je vois avec horreur le matin qui m'éveille,
Et je me sens monter aux yeux des pleurs brûlants,
Aux insipides jours, l'un l'autre se suivants,
Qui viennent effeuiller toutes mes espérances;
A mes vœux les plus chers opposer des défenses;
Par leurs réalités, comme un cercle infernal
Étouffer dans mon cœur mon divin idéal.
La nuit vient-elle au moins m'accorder une trêve?
Non; je suis poursuivi par quelque horrible rêve.
Un dieu règne en mon sein qui semble tout-puissant,
Mais qui ne produit rien au dehors que néant;
Et j'ai la vie à charge, et j'en cherche l'issue.

MÉPHISTOPHÉLÈS.

La mort pourtant n'est pas toujours la bienvenue.

FAUST.

Oh! bienheureux celui qu'elle enlève vainqueur,

Ivre, sur les lauriers sanglants du champ d'honneur!
Qu'elle frappe soudain dans la valse entraînante,
Qu'elle endort doucement dans les bras d'une amante;
Fussé-je mort cent fois dans mon extase ardente,
Quand l'Esprit m'apparut!

MÉPHISTOPHÉLÈS.

Je sais pourtant quelqu'un
Qui repoussa jadis certain liquide brun.

FAUST.

Ha! tu fais l'espion!

MÉPHISTOPHÉLÈS.

Sans savoir toute chose,
Je me tiens au courant, et quelquefois j'en cause.

FAUST.

Puisque le charme tout-puissant,
D'un cantique de mon enfance,
Est venu, comme en se raillant,
M'ôter à ma désespérance,
Me leurrer par ses doux échos,
Me replonger dans tous les maux
Dont ma volonté haute et ferme
Avait déjà marqué le terme;
Maudits soient les trompeurs appas,
L'illusion et les caresses,
Que le jour sème sous nos pas!
Maudites les vaines tendresses,
Amour, dont tu nous berças,
Pour éterniser nos détresses
Dans cette honte d'ici-bas!
Maudite soit la haute idée
Qui de lui-même éprend l'esprit,
Illusion débordée,
Qui ne nous rend que plus petit!

Maudits les biens du monde et leur poursuite vaine,
Qui trompant tous les jours peuvent tromper encor!
Femmes, enfants, valets, domaine,
Mammon et son or!
Maudite soit la foi! maudite l'espérance!
Et maudite surtout, surtout, la patience!

CHŒUR ET ESPRITS INVISIBLES.

Hélas! pourquoi maudire
Ton univers si beau?
Il succombe, il expire;
Tu l'as mis au tombeau.
Ainsi qu'un Dieu tu brises et détruis!
Ramassons-en, pleurons-en les débris!
Puissant fils de la terre,
Reprends ta carrière,
Reconstruis, reconstruis!
Que ton âme féconde
Réenfante un monde!
Que son jour innonde
Tes yeux réjouis!

MÉPHISTOPHÉLÈS.

Écoute! ce sont là mes farfadets mignons.
Suis les sages conseils de ces gais compagnons.
Ils veulent t'arracher à ta prison lugubre,
Et t'appeler au jour, au monde, à l'air salubre.
Va! jusque dans la plus mauvaise compagnie,
Tu te sentiras homme et comprendras la vie.
D'ailleurs, je ne veux pas, seigneur, t'encanailler.
Sans être des plus grands, je sais me cheviller;
Et, si tu veux enfin voir et courir le monde,
Je consens volontiers, sans gloire et sans faconde,
A devenir ton homme à l'instant: compagnon,
Serviteur ou valet, tu choisiras le nom!

FAUST.

Que ferai-je en retour?

MÉPHISTOPHÉLÈS.

Tu deviens formaliste.
Les temps sont loin...

FAUST.

Non, non! le diable est égoïste,
Et ne fais jamais rien pour la grâce de Dieu.
De mon pacte avant tout je veux savoir l'enjeu.
Bien fou qui logerait, sans craindre l'incendie,
Satan dans sa maison!

MÉPHISTOPHÉLÈS.

Fidèle pour la vie,
*Ici* je servirai; dispose en tout de moi.
Mais *là-bas*, à ton tour, tu me serviras, toi.

FAUST.

Ce qui sera là-bas ne m'inquiète guère.
Que ce monde périsse, un autre peut se faire!
C'est de lui, c'est d'ici, que coule incessament
Ma joie et ma douleur, mon plaisir, mon tourment.
Si tu m'en affranchis, qu'importe qu'il advienne!
Que dans cet autre monde on aime, on se souvienne,
Qu'on souffre ou non, qu'il ait son en haut, son en bas:
Je n'en suis point en peine et le demande pas.

MÉPHISTOPHÉLÈS.

Puisque l'on pense ainsi, l'on peut tenter la chose;
Et de nous, dès l'instant, en maître l'on dispose.
Nul encor n'a joui d'un si bel avenir.

FAUST.

Pauvre diable, et quels biens pourrais-tu m'obtenir?
Tes pareils peuvent-ils entrevoir et comprendre
L'idéal élevé dont l'homme a pu s'éprendre?

N'importe ! donne-moi, si tu veux, des festins
Qui ne repaissent pas; de l'or qui dans les mains
Glisse comme de l'eau; une femme qui songe,
Jusque sous mes baisers, à ceux d'un autre amant;
La gloire, ce plaisir des dieux, ce mensonge,
Mirage fugitif et qu'emporte le vent !
Eh bien oui, donne-moi, s'il calme mon tourment,
Le fruit d'or qui pourrit à l'instant qu'on le cueille,
Ou l'arbre parfumé qui tous les jours s'effeuille !

MÉPHISTOPHÉLÈS.

J'en accepte la charge et tels sont mes trésors.
Mais parfois, modérant ta fougue qui tempête,
Nous nous régalerons en paix, et sans efforts.

FAUST.

S'il m'arrive jamais de reposer ma tête,
Sans mélange d'ennui, sur un doux oreiller;
Si tu peux me donner fût-ce une heure de fête
Où rien ne troublera mon âme satisfaite[1],
Que je meure aussitôt pour ne plus m'éveiller !
Je t'offre le pari.

MÉPHISTOPHÉLÈS.

Tope !

FAUST.

Et sans sourciller.
Que je dise à l'instant : arrête, ô fleuve, arrête !
Car ta beauté m'enivre et ma joie est au faîte !
Jette-moi dans les fers, fais sonner mon trépas,
Écrase, engloutis-moi ! Je ne me plaindrai pas.

[1] Variante :

Si tu peux lui donner, à cette âme inquiète,
Une heure seulement de volupté parfaite...

MÉPHISTOPHÉLÈS.

Songe ! il m'en souviendra.

FAUST.

Et ce sera justice.
Je ne m'engage pas par frivole caprice.
Suis-je donc libre ici ! et servir pour servir,
Que m'importe le maître !

MÉPHISTOPHÉLÈS.

Eh bien ! j'ai le plaisir
De commencer, docteur, aujourd'hui mon service,
Au banquet qui mettra sous un bachique auspice,
Tes grades qu'à nouveau tu viens de conquérir.
Signe-moi seulement, pour me bien garantir,
A la vie, à la mort, quatre mots d'écriture.

FAUST.

Gigantesque pédant, où donc est ta mesure ?
N'as-tu pas ma parole ? et pour l'éternité
Par elle mon destin n'est-il pas arrêté ?
Sans cesse auprès de moi je l'entends qui bourdonne.
Va ! tu ne connais pas l'homme et le oui qu'il donne.
Et quand le monde entier flotte à tous les courants,
Tu veux qu'un mot d'écrit assure les serments ?
Mais cette vanité de nos jours est coutume.
La parole n'est rien ; le parchemin s'exhume.
Heureux qui dans son cœur inscrit fidélité !
Il ira son chemin tout droit, noble fierté,
N'hésitant même pas devant son sacrifice.
Sa parole est donnée, il faut qu'il obéisse.
Eh bien ! génie impur, que veux-tu de ma main ?
Écrirai-je sur bronze, ou marbre, ou parchemin ?
Faut-il prendre un stylet ? suffit-il d'une plume ?

MÉPHISTOPHÉLÈS.

Ho l'éloquent discours et la noble chaleur!
A t'échauffer ainsi tu vas gagner un rhume.
Non! un papier quelconque, un chiffon sans valeur;
Seulement de ton sang il faudra que tu signes.

FAUST.

Allons, prêtons-nous donc à ces farces insignes!

MÉPHISTOPHÉLÈS.

C'est que le sang est un suc tout particulier.

FAUST.

Tu ne me verras pas songer à dénier.
Pour jamais elle tient, ma tragique alliance.
Ce que je t'ai promis, c'est l'effort incessant
De tout mon être! Aussi, je m'étais cru trop grand.
L'Esprit m'a repoussé; je suis de ton engeance.
La nature pour moi n'est que mystère et nuit;
Le fil de mes pensers est à jamais détruit;
Et je suis dégoûté de toute la science.
Hé bien! plonge mes sens dans mille voluptés;
Fais surgir sous mes pas tes pays enchantés;
Voguons de mer en mer, allons de cime en cime,
De la peine au plaisir, du triomphe à l'abîme,
Sur les flots infinis et mouvants du destin:
Il faut à l'homme une action sans fin.

MÉPHISTOPHÉLÈS.

Puisqu'il vous plaît ainsi d'aller à l'aventure,
Vous pourrez vous lancer sans terme ni mesure,
Avaler en courant les plus friands morceaux,
Et vous porter sans cesse à des objets nouveaux.
Mais ne me lâchez pas ni ne soyez timide!

FAUST.

Ce n'est pas de plaisirs que mon âme est avide;

Comprends-moi ! Je me voue au vertige, à la mer.
Je veux des voluptés sentir le fond amer,
Avoir l'amour qui hait et l'audace qui pleure,
Et guéri du savoir, errant et sans demeure,
Accumuler au plus intime de mon cœur
Toute humaine joie et toute humaine douleur ;
Saisir tout ce qu'elle a de sublime ou d'horrible ;
M'élargir, devenir l'humanité sensible ;
Amonceler en moi tout son bien, tout son mal ;
Et me briser comme elle à son terme fatal !

MÉPHISTOPHÉLÈS.

Tu peux m'en croire, ami ! cette viande est dure :
Depuis quatre mille ans j'en fais ma nourriture ;
Pour l'homme au vieux levain, elle convient fort peu.
Ce grand tout poursuivi n'est fait que pour un dieu.
Pour lui le jour constant, la lumière éternelle,
Pour nous toujours la nuit et l'ombre criminelle,
Et pour vous alternant le jour avec la nuit.

FAUST.

Mais je veux...

MÉPHISTOPHÉLÈS.

C'est très bien ! Une chose vous nuit :
Le temps est court, l'art long ; et comment vous instruire ?
M'est avis d'un moyen de vite t'y conduire :
Avec quelque poète il faut t'associer.
Le digne homme aussitôt, sans se faire prier,
Ouvre sa main prodigue et te donne en partage
La douceur de l'agneau, du lion le courage,
Le flegme de l'Anglais, le feu de l'Italien,
Mêlant les opposés et ne doutant de rien.
Il unit l'artifice avec la grandeur d'âme,
Et fait, du jouvenceau que son amour enflamme,
Un bon logicien. Je serais satisfait
De trouver par le monde un homme aussi complet,
Et c'est *Microcosmus* qu'il faudrait qu'on l'appelle.

FAUST.

Impuissant à saisir, malgré tout mon effort,
De notre humanité la couronne immortelle,
Que suis-je donc, hélas!

MÉPHISTOPHÉLÈS.

Ce que t'a fait le sort.
Entasse les toupets, monte sur des échasses,
Tu restes à la fin ce que tu fus d'abord!

FAUST.

Vainement j'ai voulu, dans mes fières audaces,
De tout génie humain cumuler les trésors.
Je le sens : faux espoir, inutiles transports!
Je n'ai pu me donner une force nouvelle,
Ni grandir d'un cheveu; et l'infini rebelle,
Pour me tendre la main n'a pas fait un seul pas!

MÉPHISTOPHÉLÈS.

Cher monsieur, vous jugez comme on fait d'ordinaire.
On peut raisonner mieux pour gaudir ici-bas.
Que diantre! tes deux mains, ta tête et ton d.....,
Sans doute, sont à toi! Mais ce dont tu jouis
Ne t'appartient-il pas? J'ai quatre cent louis
Et m'en fais cinq coursiers : leur force et leur vitesse
Sont-elles pas à moi? De vingt jambes muni,
Je galope avec eux et l'on m'appelle altesse.
Trêve aux réflexions, au doute indéfini.
Alerte! et lançons-nous en avant sans scrupule.
C'est moi qui te le dis : un gaillard qui spécule,
Est un âne bâté qu'un esprit malfaisant
Fait tourner sur lui-même et loin du pâturage,
Tandis qu'un beau pré vert s'étale au voisinage[1].

[1] *Variante :*

Fait tourner sur lui-même en l'aride bruyère,
Tandis qu'auprès s'étend la plus verte clairière.

FAUST.

Et quand commençons-nous?

MÉPHISTOPHÉLÈS.

Partons dès à présent!
Qu'est-ce que ce taudis et tes absurdes rêves?
Peiner, pour t'ennuyer toi-même et tes élèves!
A ton voisin pansu laisse ces soins pédants!
Veux-tu te fatiguer à battre de la paille?
Après tout, le meilleur de tes pensers ardents,
Peux-tu même le dire à ta jeune canaille?
— J'en entends un marcher dans votre corridor.

FAUST.

Oh, je ne puis le voir!

MÉPHISTOPHÉLÈS.

Depuis une heure encor
Le pauvre gars attend! et sans bonne parole
Peut-on l'expédier? Je vais jouer ton rôle.
Dépêche! donne-moi ta robe et ton bonnet.
Ce déguisement-là me convient à souhait.
(Il s'habille.)
C'est bien! A mon esprit maintenant qu'on se fie;
En vingt minutes j'aurai fait.
Toi, va te préparer à ta nouvelle vie!
(Faust sort.)

MÉPHISTOPHÉLÈS, dans les longs vêtements de Faust.

Méprise seulement la raison, la science,
De votre humanité les divins attributs!
Laisse l'illusion, l'erreur et l'inconstance,
Te promener dans leurs sentiers perdus :
Tu te livres à moi. — Il tient de la nature
Un esprit qui le porte en avant sans mesure,
Et qui saute à pieds joints sur les biens d'ici-bas.

Je m'en vais le traîner aux déserts de la vie,
A travers les milieux médiocres et plats.
Il ira... sans trouver rien qui le rassasie,
Criant, se débattant, s'élançant vers le fruit,
Qui toujours à sa main se dérobe et s'enfuit.
Vraiment ! s'il ne s'était donné lui-même au diable,
Sa perte aurait été quand même, inévitable.

(Entre un écolier.)

L'ÉCOLIER.

A peine débarqué, je viens, d'un humble cœur,
Présenter mon hommage à l'illustre docteur,
Dont le monde à l'envi célèbre la sagesse.

MÉPHISTOPHÉLÈS.

Profondément touché de votre politesse ;
Vous voyez un savant comme un autre ; et, je croi,
Vous trouveriez ailleurs tout aussi bien que moi.

L'ÉCOLIER.

Oh veuillez m'agréer ! J'ai le meilleur courage,
Un peu d'argent, de la santé bien davantage.
Ma mère ne permit qu'en pleurant mon départ ;
Mais mon désir d'apprendre écartait tout retard.

MÉPHISTOPHÉLÈS.

L'endroit est bien choisi.

L'ÉCOLIER.

Mais en toute franchise,
J'en suis peu réjoui. Cette muraille grise,
Ces cours, ces corridors, ces bancs noirs, sont d'un froid !
Il semble qu'on ne peut loger plus à l'étroit.
Rien de vert, et pas même un arbre qui remue.
Je perdrai la raison dans cette maison nue.

MÉPHISTOPHÉLÈS.

Affaire d'habitude ! un enfant à plein bord

Boit au sein maternel qu'il repoussa d'abord.
Ainsi de la science : en ce moment rebelle,
Bientôt tu te pendras à sa tendre mamelle.

L'ÉCOLIER.

Oh je veux m'efforcer de la toute embrasser !
Mais, je ne sais pas trop par quel bout commencer.

MÉPHISTOPHÉLÈS.

Avez-vous fait un choix? que voulez-vous apprendre?

L'ÉCOLIER.

Je voudrais devenir très savant, et comprendre
Ce qui se trouve sur la terre et dans les cieux,
Connaître la science et la nature.

MÉPHISTOPHÉLÈS.

Au mieux!
C'est être réfléchi! Mais, dans ce cas, redoute
De te jamais laisser distraire sur la route.

L'ÉCOLIER.

Je veux m'y dévouer tout entier. Seulement,
Je voudrais bien avoir quelque délassement,
Quand, avec le soleil que Pâques nous ramène,
La verdure et les fleurs viennent parer la plaine.

MÉPHISTOPHÉLÈS.

De ses moindres instants le sage fait profit.
Irréparablement le temps vole et s'enfuit.
Mais, on peut en montrer un emploi méthodique.
Commence donc, ami, par un cours de logique.
On y met à l'esprit des brodequins serrés
Qui lui font éviter les sentiers égarés.
Ainsi, par mouvements nous t'apprendrons à faire
Tout ce que tu faisais bien simplement naguère
Sans songer ni compter, comme boire et manger.

Un syllogisme montre à tout bien ménager.
La trame des pensers aux tissus de fabriques
Ressemble; tous les fils s'y tiennent, symétriques;
Qui tire imprudemment l'un d'eux, les brouille tous.
Le philosophe seul en connaît tous les bouts.
Il entre dans la toile avec pleine assurance,
Affirme la majeure, déduit la conséquence,
Si tel est le primo, si tel le secondo,
Tel est le tertio, messieurs, et le quarto;
Et les premiers manquants, les autres par séquence,
*Ergo*, manquent aussi. Merveilleuse science!
Cet art est en honneur chez tous étudiants,
Qui ne deviennent pas pour autant tisserands.
Pour peindre un animal chassez-en d'abord l'âme;
Puis coupez, divisez de votre fine lame.
Vous tenez les morceaux; seulement, le lien
Manque!... de l'unité première il n'est plus rien.
Pour la restituer gravement la chimie
Vous dit: *encheiresis*..., et s'émeut qu'on en rie.

L'ÉCOLIER.

Je ne suis pas très sûr de vous comprendre bien.

MÉPHISTOPHÉLÈS.

Cela viendra tantôt. Vous serez logicien
Quand vous aurez appris à tout réduire,
Classifier, analyser, déduire.

L'ÉCOLIER.

Je demeure stupide à tout cet entretien,
Comme si dans ma tête on tournait un moulin.

MÉPHISTOPHÉLÈS.

Ensuite, avec ardeur, un élève s'applique
Aux admirables lois de la métaphysique.
Vous y verrez comment l'on peut approfondir
Ce que notre raison ne saurait éclaircir;

Après? vaille que vaille! où l'on ne peut comprendre,
On met un mot superbe, et l'on paraît s'entendre.
Soyez surtout exact dans ce semestre-ci;
Levez-vous avec l'aube, et bûchez sans merci.
Docile, à votre banc, sitôt que l'heure sonne,
Vous entendrez six cours tous les jours que Dieu donne;
Par avance ayant soin de vous bien préparer
Sur chaque paragraphe, — afin de t'assurer
Qu'un maître ne dit rien qui ne soit dans le livre.
Que ta plume pourtant s'efforce de le suivre,
Comme si l'Esprit-Saint te dictait par sa voix.

L'ÉCOLIER.

Vous n'aurez pas besoin de l'ordonner deux fois.
Ce qu'on tient noir sur blanc, on peut, l'esprit tranquille,
Le mettre sous son bras et l'emporter en ville;
Et sans cesse à mes cours je m'occupe à noter.

MÉPHISTOPHÉLÈS.

Mais votre Faculté?

L'ÉCOLIER.

Je me sens peu tenter
Par la jurisprudence.

MÉPHISTOPHÉLÈS.

Je n'en puis faire un crime.
Moi-même je la tiens en médiocre estime.
A vrai dire, le droit, les lois, nous sont transmis
Comme une maladie héréditaire, et soumis,
Nous traînons après nous leur boulet, d'âge en âge.
Leur sens devient folie, et leurs bienfaits fléaux.
Malheur aux descendants : des respects pour l'usage!
Mais de nos droits innés qui donc soufflerait mots!

L'ÉCOLIER.

Heureux qui t'a pour guide, et mon antipathie

Redouble à ton discours. Pour la théologie
Je sens presque du goût. Qu'en pensez-vous, docteur?

MÉPHISTOPHÉLÈS.

Je ne voudrais en rien vous induire en erreur.
Je l'admire beaucoup; elle a du bon, sans doute.
Mais, si facilement on y fait fausse route,
Dans ses flancs elle tient tant de poison caché,
Que nul n'en extraira jamais, le vrai cherché.
Le mieux est bien ici de n'entendre qu'un maître,
De jurer par son nom — sans autrement connaître,
De ne jamais courir les sentiers ignorés,
De toujours s'en tenir aux termes consacrés.
Les mots sont tout. Par eux, en toute quiétude,
Tu monteras au temple où dort la Certitude.

L'ÉCOLIER.

Mais il faut une idée en tout mot réussi.

MÉPHISTOPHÉLÈS.

Sans doute! Et cependant n'en prend pas trop souci;
Car c'est précisément où le sens s'embarrasse,
Qu'un mot sauveur accourt pour occuper sa place.
L'on peut avec les mots disputer largement;
Bâtir à tout système un certain fondement.
C'est aux mots que la foi jure de se soumettre.
On ne peut pas d'un mot retrancher une lettre.

L'ÉCOLIER.

Sur un seul point encor je voudrais votre avis.
Ne me direz-vous pas quelques mots bien sentis,
De cet art bienfaisant pour tous, la médecine?
Le cours dure trois ans six mois; mais j'imagine,
Si vaste est le sujet, que c'est insuffisant.

MÉPHISTOPHÉLÈS à part.

Je me lasse à la fin de ce ton de pédant,
Et je vais lui parler en véritable diable.
(Haut.)

Ami, la médecine à tous est abordable.
Elle étudie à fond les choses, oui morbleu !
Pour laisser tout ensuite à la grâce de Dieu.
Vous lisez, vous courez, vous peinez pour comprendre,
Mais chacun n'apprend rien que ce qu'il peut apprendre.
L'habile homme est celui qui sait saisir l'instant.
Tu m'as l'air bien bâti, propret, entreprenant.
Va sans peur de l'avant, montre pleine assurance;
Les autres aussitôt te feront confiance.
Surtout sache mener les femmes. Leurs vapeurs,
Leurs bobos, leurs soupirs prennent mille couleurs,
Mais se guérissent tous par le même remède.
Sois mi-respectueux, mi-hardi, souple et raide,
Tu les auras bientôt toutes sous ton chapeau.
Fais-toi d'ailleurs venir par un titre nouveau,
Qui te pose en savant, te distingue, ou résonne.
Tu peux les cajoler dès lors comme personne.
Pour leur tâter le pouls prends leurs bras doucement,
Caresse du regard, puis glisse hardiment
Ta main nerveuse autour de leur poitrine blanche,
Pour voir si le corset les serre sur la hanche.

L'ÉCOLIER.

A la bonne heure! On voit du moins pourquoi, comment...

MÉPHISTOPHÉLÈS.

La théorie est grise, et l'arbre de la vie
Porte des fruits dorés dans sa branche verdie [1].

L'ÉCOLIER.

Je crois vraiment rêver. Me permettrez-vous bien
De reprendre avec vous ce savant entretien.

MÉPHISTOPHÉLÈS.

Je ferai volontiers tout ce que je puis faire.

[1] On pourrait traduire littéralement :

Ami, grise est la théorie,
Et vert l'arbre d'or de la vie.

L'ÉCOLIER.

Encore une faveur. Serait-il téméraire
De vous prier d'écrire un mot sur mon album?

(Méphistophélès consent, écrit, et rend l'album.)

L'ÉCOLIER lisant.

*Eritis sicut Di, scientes et bonum*
*Et malum.*

(Il renferme l'album avec respect, et se retire.)

MÉPHISTOPHÉLÈS, seul.

Du serpent, mon patron, suis la vieille sentence.
Un jour il te cuira de cette ressemblance.

FAUST, entrant.

Et bien! où partons-nous?

MÉPHISTOPHÉLÈS.

Où tu voudras, vraiment
D'abord dans le petit monde, puis dans le grand.
Un cours étourdissant, un merveilleux voyage!

FAUST.

Mais je suis un barbon et je manque d'usage.
Je vais à des échecs certains; embarrassé,
Maladroit et timide, et bientôt renversé.

MÉPHISTOPHÉLÈS.

Nul souci! Seulement un bon conseil à suivre:
Se fier à soi-même est le secret de vivre.

FAUST.

Comment voyageons-nous? ni chevaux ni valets.

MÉPHISTOPHÉLÈS.

J'étendrai ce manteau, nous serons envolés.
Ne te charge pourtant que d'un léger bagage.
Un peu d'air enflammé, dont je connais l'usage,
Avec vélocité va nous porter au but.
A ta nouvelle vie, à ton bonheur, salut!

---

## CAVE D'AUERBACH.

Société de joyeux compères.

FROSCH.

Personne ne veut boire? Arrière faces mornes!
Vous êtes là tous trois muets comme des bornes,
Paille mouillée, au lieu de flamber pour de bon!

BRANDER.

Pourquoi ne fais-tu rien de bête ou de cochon?
La faute en est à toi.

FROSCH, lui versant un verre de vin sur la tête.

Tiens, voici l'un et l'autre!

BRANDER.

Sale apôtre!

FROSCH.

Ne l'as-tu pas voulu?

SIEBEL.

Dehors les chicaniers!
A pleins poumons la ronde, et tous lampez, criez!
En avant! Holla! ho!

ALTMAYER.

Miséricorde! Ouïe!
Du coton! je suis mort! le drôle est en furie!

SIEBEL.

On juge de la voix quand la voûte répond.
Ma basse peut ici montrer qu'elle a du fond.

FROSCH.

Très bien, le gros Siebel! Dehors quiconque avale
De travers! Tara là, tara, tara la lale!

ALTMAYER.

A tara lara da!

FROSCH.

Les gosiers sont d'accord.

(Il chante.)

Comment tient-il encor
Notre bon Saint-Empire?

BRANDER.

Un couplet politique! une laide chanson!
Pouah! Rends grâce à Dieu, tous les jours, compagnon,
De n'être pas chargé du soin du Saint-Empire!
Ah la pauvre patraque! A l'aise je respire
De n'être ni césar, ni chancelier grognon.
Mais il nous faut un chef pour mener la folie.
Nommons un pape, amis, qui lie et qui délie!
A ce haut rang pour s'élever,
Vous savez ce qu'on doit prouver.

FROSCH, chantant.

Reprends ton vol
Mon rossignol!
Tu connais son adresse?
Et par ta voix,
Dix mille fois
Salut à ma maîtresse!

SIEBEL.

Laisse la geuse en paix! tu nous brises l'ouïe.

FROSCH.

Je fais comme il me plait! mes baisers à ma pie!

(Il chante.)

Ouvre ta porte, c'est la nuit,
Et l'amant se glisse sans bruit.
Ferme ta porte, le jour luit;
Ferme-la vite, l'amant fuit.

SIEBEL.

Chante, chante-la donc ! mon tour viendra de rire.
Elle a pu m'attraper, qu'elle t'en fasse pire !
Et tu te souviendras que je l'avais prédit.
Qu'un fafardet l'enjole et te la turlupine
Au coin d'une borne, ou qu'un bouc, à matine
Revenant du Blossberg, se glisse dans son lit.
Elle y verra sans doute une agréable farce ;
Un gars de chair et d'os est trop bon pour la garse.
Des pierres dans sa vitre, en guise de salut !

BRANDER, frappant sur la table.

Silence, attention ! j'apporte mon tribut.
Vous avoûrez, messieurs, que je sais me conduire.
Voilà deux amoureux ! Faudrait-il pas leur dire,
En guise de bonsoir et pour les mettre en train,
Quelques joyeux couplets... de folâtre délire ?
Écoutez-bien ! c'est du dernier goût, du plus fin ;
Et tous, *fortissimo*, répétez le refrain !

(Il chante.)

I

Un rat logeait dans un cellier ;
Il y festoyait sans dépense,
Heureux comme un bénéficier,
Et de Luther prenant la panse.
Mais la cuisinière, en un jour de malheur,
Mit du poison dans le lard du viveur.

II

Il couratte, inquiet en tous sens,
Il meurt de soif et boit sans cesse,
Il renifle, il se bat les flancs.
Rien ne peut calmer sa détresse.
Rouge cuisinière a causé ses transports ;
On aurait dit qu'amour l'eût pris au corps !

III

Ivre de rage et bondissant,
Il roule, il tombe dans l'office!
Il râle, il ouvre un œil mourant,
Et comprend tout le maléfice;
Car notre empoisonneuse, à ces derniers efforts
Chante en riant : l'amour l'a pris au corps!

SIEBEL.

Comme ce gros lourdaud s'agite et tourbillonne!
La chose en vaut la peine : un rat qu'on empoisonne!

BRANDER.

Tu parais les aimer.

ALTMAYER.

Ce ventre monacal,
Ce vieux genou, l'amour le rend sentimental!
N'aurait-il pas trouvé dans la bête gonflée,
Le portrait ressemblant de sa figure enflée?

Entrent FAUST et MÉPHISTOPHÉLÈS.

MÉPHISTOPHÉLÈS.

Je te mène parmi quelques types joyeux.
Tu verras comme on peut à bon compte être heureux.
Ce genre a peu d'esprit, mais l'humeur si bien faite!
Il danse en rond, sur place, ainsi qu'un jeune chat
Jouant avec sa queue; et qu'il ait un ducat,
Du crédit à l'auberge, et pas mal à la tête,
Sans souci ni remords, il est toujours en fête.

BRANDER.

Voici deux voyageurs débarqués fraîchement;
Ça se voit à l'œil nu. Drôle d'accoutrement.

FROSCH.

Morbleu, vive Leipsig! On y vient d'à la ronde.

C'est un petit Paris qui vous forme son monde.

SIEBEL.

Qui ça peut-il bien être?

FROSCH.

Oh laisse! je leur vais,
Avec une rasade, ôter les vers du nez.
Ils semblent mécontents et très peu débonnaires;
C'est sans doute qu'ils sont de haut lieu, les compères.

BRANDER.

Allons, tu t'y connais! Ce sont des charlatans.

ALTMAYER.

Peut-être!

FROSCH.

Attention! Je vais moucher les gens.

MÉPHISTOPHÉLÈS.

Ces bons drilles jamais ne soupçonnent le diable,
Les tînt-il au collet.

FAUST.

Messieurs, mon compliment.

SIEBEL.

Nous vous remercions!
(Bas, regardant Méphistophélès du coin de l'œil.)
Pourquoi cet incroyable
Cloche-t-il sur un pied?

MÉPHISTOPHÉLÈS.

Avec votre agrément,
Nous pourrions avec vous nous mettre à cette table.
A défaut de bon vin, qu'on ne peut obtenir,
Votre société nous pourra réjouir.

ALTMAYER.

Vous êtes bien blasé.

FROSCH.

Vous venez de Ripage[1]?
N'y soupâtes-vous pas avec maître Grosjean?

MÉPHISTOPHÉLÈS.

Pas aujourd'hui, monsieur! nous le vîmes l'autre an.
Il nous parla beaucoup de tout son cousinage,
Et nous chargea pour vous des compliments d'usage.
(Il s'incline vers Frosch.)

ALTMAYER.

Attrappe! il s'y connaît.

SIEBEL.

Un compère malin!

FROSCH.

Je le ferai chanter sur un un autre refrain.

MÉPHISTOPHÉLÈS.

Me serai-je trompé? J'avais cru, tout à l'heure,
Entendre d'un de vous la voix supérieure.
Ce souterrain voûté doit bien rendre le son!

FROSCH.

Seriez-vous par hasard un virtuose?

MÉPHISTOPHÉLÈS.

Oh non!
Mais un grand amateur.

ALTMAYER.

Chantez-nous quelque chose.

MÉPHISTOPHÉLÈS.

Si vous le désirez?

[1] En allemand, *Rippach* : village près de Leipsig, et qui y sert de type à la rudesse villageoise.

SIEBEL.

Mais pas de vieille prose;
Du neuf absolument!

MÉPHISTOPHÉLÈS.

D'Espagne nous venons,
Ce pays des bons vins et des vives chansons.
(Il chante.)

I

Il était une fois un roi,
Possesseur d'une belle puce...

FROSCH.

Une puce! écoutez! laid convive, ma foi!

MÉPHISTOPHÉLÈS, reprenant.

Il était une fois un roi,
Possesseur d'une belle puce,
Qu'il aimait comme un fils à soi,
Étant bonhomme sans astuce :
« Faites venir mon grand tailleur,
Et qu'il habille Monseigneur[1] ! »

BRANDER.

Surtout qu'on prenne bien la taille et la mesure,
Et que le pantalon soit net à l'enfourchure.

MÉPHISTOPHÉLÈS, continuant.

II

On la costume en haut baron;
Or et velours, dentelle fine,
Chaînettes, plaque, grand cordon,
Même une croix sur la poitrine :

[1] Puce (*Floh*) est masculin en allemand.

« C'est un ministre à saluer! »
Et sa frarèche d'affluer!

III

Comme seigneurs et grandes dames
Se sentaient mordre et picoter!!
Mais la reine même et ses femmes
N'auraient pas osé se gratter.
Nous du moins, en cette besogne,
Nous nous gratterions sans vergogne.

FROSCH.

Bravo! c'était joli!

SIEBEL.

J'écrase ainsi l'engeance.

BRANDER.

Cueillez-les finement; prenez sans violence.

ALTMAYER.

Vive la liberté!

MÉPHISTOPHÉLÈS.

J'y boirai de grand cœur,
Si seulement ton vin était un peu meilleur.

SIEBEL.

Çà, tu ne le diras pas deux fois, hein!

MÉPHISTOPHÉLÈS.

Peut-être
Irriterai-je l'hôte en vous faisant connaître
Quelques vins de mon crû.

SIEBEL.

Pour l'hôte, nul souci!
Je le prends bien sur moi.

FROSCH.

Bon vin vaut grand merci.
Fais abonder la preuve, elle est d'autant certaine.
Il me faut, pour juger, avoir la bouche pleine.

ALTMAYER, bas.

Ce sont marchands du Rhin.

MÉPHISTOPHÉLÈS.

*Qu'on me donne un foret !*

BRANDER.

Pourquoi faire? Auriez-vous un plein tonneau tout prêt?

FROSCH.

Voici, j'en découvre un parmi cette ferraille.

MÉPHISTOPHÉLÈS, *prenant le foret, à Frosch.*

Et bien, quel est le vin dont tu feras ripaille?

ALTMAYER.

Farceur!

FROSCH.

Vous en avez plusieurs?

MÉPHISTOPHÉLÈS.

Pour tous les goûts.

ALTMAYER.

Ils se lèchent déjà les deux lèvres, les fous!

FROSCH.

C'est avec du vieux rhin qu'aujourd'hui je festoie :
Les meilleurs vins sont ceux que la patrie octroie.

MÉPHISTOPHÉLÈS, *perçant un trou dans le rebord de la table, à la place où Frosch est assis.*

Bien! pétris de la cire en guise de bouchon.

ALTMAYER.

Tout çà, c'est de la farce!

MÉPHISTOPHÉLÈS, à Brander.

À ton tour!

BRANDER.

Compagnon,
Du champagne mousseux, qui chatouille et pétille!

(Méphistophélès perce. Pendant ce temps un des compagnons fait des tampons et bouche les trous.)

Le bon naît quelquefois loin de notre famille.
Un solide Allemand déteste les Français;
Mais faut-il pour cela trouver leurs vins mauvais?

SIEBEL, tandis que Méphistophélès s'approche de sa place.

Moi, j'évite l'acide, et veux une bouteille
D'un vin sucré du sud, du très doux!

MÉPHISTOPHÉLÈS, forant.

À merveille!
Vous aurez du tockay.

ALTMAYER.

Vous vous moquez de nous.
Regardez-nous en face et prenez-garde à vous!

MÉPHISTOPHÉLÈS.

Ce serait bien osé avec des personnages
De votre qualité. Voyons, sans plus d'ambages,
Quel vin veux-tu?

ALTMAYER.

De tous, faites moins d'embarras.

(A part.)

Je ne sais qui me tient de le jeter à bas!

MÉPHISTOPHÉLÈS, après que tous les trous sont forés et bouchés, avec des gestes bizarres.

« La vigne produit le raisin,
Le front du bouc ses hautes cornes :
Dur est le sarment, doux le vin.
Si du bois la nature a tiré le raisin,
C'est qu'au regard profond son pouvoir est sans bornes.
Flots dorés, jaillissez de ces solives mornes ! »
C'est un miracle, croyez-moi !
Il vous suffit d'avoir la foi.
Ouvrez les trous, buvez !

TOUS, tirant les bouchons, et recevant chacun dans son verre le vin souhaité.

O la belle rivière !

MÉPHISTOPHÉLÈS.

Gardez-vous seulement d'en répandre par terre.

TOUS, chantant.

Ça nous va vraiment
Cannibalement !
Compagnons, buvons !
Comme cinq cents cochons !

MÉPHISTOPHÉLÈS.

Le peuple est en liesse.

FAUST.

Assez, partons !

MÉPHISTOPHÉLÈS.

Attends !
Tu pourras voir bientôt de nos aimables gens
S'étaler dans son plein la bestiale joie.

SIEBEL boit sans précaution ; le vin coule à terre et se change en flamme.

Au secours ! au secours ! c'est l'enfer qui flamboie !

MÉPHISTOPHÉLÈS, à la flamme.

Doucement, doucement,
Mon aimable élément !

(Aux compagnons.)

Non, ce n'était qu'un peu de feu du purgatoire.

SIEBEL.

Qu'as-tu pu machiner ? tu nous en fais accroire !
Tu ne nous connais pas.

FROSCH.

Ose recommencer !

ALTMAYER.

Prions-le poliment de filer

SIEBEL.

Le laisser
De ses *hocuspocus* abominer la terre !
Non, non !

MÉPHISTOPHÉLÈS.

Paix, sac à vin !

SIEBEL.

Balai de sorcière !

BRANDER.

Ho ! les coups vont pleuvoir !

ALTMAYER, il tire l'un des bouchons ; une traînée de feu jaillit contre lui.

Je brûle ! au feu ! au feu !

SIEBEL.

Magie et sortilège ! Assommons-les, morbleu !

(Ils tirent leurs couteaux et s'élancent sur Méphistophélès.)

MÉPHISTOPHÉLÈS, avec des gestes graves

Trompeuse illusion
Trouble leur raison!
Force inconnue,
Égare leur vue!
Qu'ils soient ici et là!

ALTMAYER.

Où suis-je? un beau pays!

FROSCH.

Regardez-bien? des vignes!

SIEBEL.

Des grappes sous la main!

BRANDER.

Chance et bonheur insignes!
Dans le pampre, là-bas, ces raisins merveilleux!

(Il prend Siebel par le nez; les autres s'en font autant mutuellement et lèvent leurs couteaux.)

MÉPHISTOPHÉLÈS, comme plus haut.

« Bandeau de l'erreur, tombe de leurs yeux! »
Souvenez-vous comment le vieux diable badine!

(Il disparaît avec Faust; tous les compères lâchent prise.)

SIEBEL.

Qu'est-ce?

ALTMAYER.

Quoi?

FROSCH.

C'est ton nez?

BRANDER.

C'est le tien? La ruine!

ALTMAYER.

Ho quel coup ça m'a fait! je suis bouleversé!
Une chaise! je tombe!

FROSCH.

Eh! que s'est-il passé?

SIEBEL.

Où trouver le coquin? Morbleu que je l'attrappe
Il s'en ira malsain!

ALTMAYER.

Là-bas, par cette trappe,
Monté sur une tonne, il a filé soudain!
J'ai du plomb dans les pieds.

(Se tournant vers la table.)

Par ma gorge! le vin
Coulerait-il encor?

SIEBEL.

Ce n'était qu'apparence.

FROSCH.

Il me semblait pourtant que j'en faisais bombance.

BRANDER.

Mais où sont disparus la vigne et le raisin?

ALTMAYER.

Dis, il ne faut pas croire aux miracles? Malin!

---

## CUISINE DE LA SORCIÈRE.

Sur un foyer très bas, une *grosse* marmite bout; des formes vagues tourbillonnent dans les vapeurs qui s'en élèvent; une *guenon*, accroupie auprès, écume la marmite et l'empêche de déborder; son *mâle*, avec ses petits, se tient à côté d'elle et se chauffe. Murs et plafond couverts d'ustensiles bizarres.

### FAUST, MÉPHISTOPHÉLÈS.

FAUST.

Des farces de sorcier, de fantasques grimaces !
Tu prétends me guérir ? Tu m'irrites, me lasses !
Pourquoi m'avoir conduit dans ce triste chaos,
D'une vieille en délire écouter les propos ?
Son infecte cuisine aurait donc la puissance
De décharger mon front des ans ? Quelle démence !
Malheur si tu n'as pas de remède meilleur !
Quoi ! l'artiste nature ou le noble penseur
N'ont su rien inventer qui triomphe de l'âge ?

MÉPHISTOPHÉLÈS.

Tu reparles en sage.
Je connais un moyen simple de rajeunir,
Mais dans un autre livre il faut l'aller quérir ;
Chapitre singulier !

FAUST.

Eh ! montre-le donc vite !

MÉPHISTOPHÉLÈS.

Un excellent moyen, sans philtre ni marmite,
Médecin ni sorcier, d'aller jusqu'à cent ans
Le voici : vas au champs !
Dès l'aurore debout, prends la bêche et la pelle ;
Féconde le sillon sous ton front qui ruisselle ;

Dans un étroit milieu garde toujours tes pas ;
Le reste soit pour toi comme s'il n'était pas.
Mange du brouet noir, sois bête avec tes bêtes,
Et ne reconnais pas de plaisirs plus honnêtes,
Que de fumer le sol dont tu dois récolter.

FAUST.

Merci, ce beau moyen ne saurait me tenter.
Du dur travail des champs mes mains n'ont pas l'usage,
Et cette étroite vie est un triste partage.

MÉPHISTOPHÉLÈS.

Dès lors à la sorcière il nous faut recourir.

FAUST.

A ce vieux fagot-là? Fais donc toi l'élixir!

MÉPHISTOPHÉLÈS.

Ce serait gaspiller mon temps. J'aurai plus vite
Construit soixante ponts. Le savoir, le mérite,
Pour ce grand œuvre, en tout seraient insuffisants.
Il faut la patience et la longueur des ans :
Fin produit veut du temps. D'ailleurs, c'est un mystère,
Le diable l'enseigna, mais ne peut pas le faire.

(Apercevant les animaux.)

Les jolis commensaux! Tiens, ce sont là ses gens,
Servante et serviteur!

(Aux animaux.)

Madame est pas céans?

LES ANIMAUX.

Par la cheminée,
En tournée,
Pour la noce damnée.

MÉPHISTOPHÉLÈS.

Combien d'heures la mère aime-t-elle à nocer?

LES ANIMAUX.

Autant d'heures qu'au feu nous à nous trémousser.

MÉPHISTOPHÉLÈS, à Faust.

Que dis-tu de ce couple ?

FAUST.

Aussi laid que possible !

MÉPHISTOPHÉLÈS.

Non pas ; à leurs discours je me trouve sensible.

(Aux animaux.)

Dites-moi donc, sacrés mignons,
Vous faites cuire ici de drôles de bouillons ?

LES ANIMAUX.

C'est la soupe des gueux qui cuit dans la marmite.

MÉPHISTOPHÉLÈS.

Nombreux sont les clients qui n'ont d'autre mérite.

LE MALE, s'approchant et caressant Méphistophélès.

Avec nous, un instant,
Joue aux dés, je t'en prie ;
Fais sonner ton argent !
La misère est folie.
Si j'avais du crédit,
J'aurais beaucoup d'esprit.

MÉPHISTOPHÉLÈS.

Tiens ! de mettre à la loterie
Ce singe aussi grille d'envie.

(Cependant les jeunes singes jouent avec une grosse boule, qu'ils font rouler devant eux.)

LE MALE.

Voilà le monde !
Sa boule ronde,
Comme ceci,

Roule inféconde ;
Fragile aussi
Comme du verre ;
Sonore et claire,
Vide au dedans !
Mortels enfants
Restez loin d'elle !
Si par moments
Elle étincelle,
Son jour viendra !
Elle éclatera,
Et t'écrasera.

MÉPHISTOPHÉLÈS.

Ce crible, à quoi sert-il, qui pend à la muraille ?

LE MALE.

A reconnaître un voleur
D'avec un homme d'honneur.
(Il prend le crible et fait regarder la femelle.)
Vois à travers la maille !
Connais-tu la canaille ?
Tu ne la nommes pas,
Même tout bas ?

MÉPHISTOPHÉLÈS, s'approchant du feu.

Et que fait-là ce pot ?

LE MALE ET LA FEMELLE.

Le nigaud,
Il ignore,
Il ignore le pot,
Et la marmite encore !

MÉPHISTOPHÉLÈS.

Malhonnêtes !

LE MALE.

Prenez ce goupillon flatteur,
Et seyez-vous sur l'escabeau, seigneur!

(Il contraint Méphistophélès à s'asseoir.)

FAUST, qui pendant ce temps s'était tenu en contemplation devant un miroir s'approchant et s'éloignant.

Que vois-je? en ce miroir, quelle adorable image!
J'avance, elle me fuit comme un léger nuage;
Je recule, elle approche! Oh comment la saisir!
Jamais je ne sentis un plus ardent désir.
Amour, emporte-moi, emporte-moi vers elle!
La femme est-elle donc si puissante et si belle,
Un abrégé des cieux fait pour nous éblouir,
Et le suprême effort de la force éternelle!

MÉPHISTOPHÉLÈS.

Lorsque pendant six jours Dieu s'éreinte à pétrir,
Et qu'il ose à la fin lui-même s'applaudir,
Il est à présumer que la chose est passable.
Je puis te procurer ce trésor délectable;
Heureux qui lui mettra la bague au doigt. Tu peux
Pour le moment ici t'en repaître les yeux.

(Faust demeure les yeux plongés dans le miroir; Méphistophélès s'étend sur son siège et continue à jouer avec le goupillon.)

Me voici comme un roi qui siège sur son trône.
Le sceptre est dans main; portez-moi ma couronne.

LES ANIMAUX, après toutes sortes de mouvements bizarres, apportent une couronne en poussant des cris.

Prenez du sang, prenez de la sueur,
Et rajustez ce bijou, monseigneur.

(Ils sautent gauchement de côté et d'autre avec la couronne, et la brisent en deux morceaux, avec lesquels ils dansent en rond.)

Paf! elle se brise!
Surprise! surprise!
Nous parlons et voyons,
Entendons et rimons.

FAUST, tourné vers le miroir.

J'en perdrai la raison!

MÉPHISTOPHÉLÈS, montrant les animaux.

Je ferai bien de même!

LES ANIMAUX.

Et quand ça réussit,
Et quand tout s'assortit,
Ça fait un poème!

FAUST.

Mon sein brûle! Fuyons ces lieux rapidement!

MÉPHISTOPHÉLÈS, dans la même attitude que plus haut.

Des poètes très francs, incontestablement!

(La marmite, négligée par la guenon, déborde; il s'élève une grande flamme qui s'échappe par la cheminée; la sorcière descend vivement à travers la flamme en poussant des cris horribles.)

LA SORCIÈRE.

Ouie! Ouie!
Maudite truie!
Sale torchon!
A ta marmite, à ton chaudron!

(Elle aperçoit Faust et Méphistophélès.)

Qu'est-ce donc ceci?
Qu'êtes-vous ici?
Que voulez-vous là?
Vous glisser ainsi!
Flammes et fléaux
Jusque dans vos os!

(Elle plonge l'écumoir dans la marmite et asperge de flammes, Faust, Méphistophélès et les animaux. Les animaux gémissent.)

MÉPHISTOPHÉLÈS, *frappant en mesure avec son goupillon à travers les verres et les pots.*

En pièces, en éclats tes pots et ta bouillie!
Carogne ma mie,
C'est plaisanterie :
Nous accompagnons
Ainsi les chansons
De ta sacristie!
Reconnais-moi, guenon, squelette de malheur!
Incline-toi devant ton maître et ton seigneur,
Ou bien je brise tout, ton singe et ton vieux crâne!
Me vois-tu? m'entends-tu? me prends-tu pour un âne?
N'as-tu plus de respect pour mon rouge pourpoint
Et ma plume de coq? Me reconnais-tu point?
Faut-il que je me nomme?

LA SORCIÈRE.

O mon maître, pardonne!
Tu n'as ni tes corbeaux ni ton pied qui résonne.

MÉPHISTOPHÉLÈS.

Je veux être bon prince : il a coulé de l'eau,
Depuis que je n'ai vu, femme, ta vieille peau;
J'ai quelque peu changé. Ma chère, la culture
Qui polit tout le monde, au diable aussi s'étend.
Le fantôme du Nord n'est plus qu'une imposture,
Et j'ai perdu ma queue, et cornes, et trident.
Quand à mon pied, comme il restait indispensable,
Pour garder dans le monde une place passable,
J'imite volontiers nos jeunes freluquets,
Et depuis quelque temps je mets de faux mollets.

LA SORCIÈRE, *dansant.*

Oh que c'est amusant! Satan en gentilhomme!

MÉPHISTOPHÉLÈS.

De ce vieux titre aussi, je défends qu'on me nomme.

LA SORCIÈRE.

Pourquoi? que t'a-t-il fait?

MÉPHISTOPHÉLÈS.

Au rang des contes bleus,
Les modernes l'ont mis, — et sans en valoir mieux.
Ils se sont affranchis du Méchant, mais en somme,
Les méchants sont restés. Appelle-moi plutôt
Monsieur le Baron. Vois, je suis très comme il faut :
Un cavalier parfait, gardant quelque jeunesse.
Tu ne douteras pas, au moins, de ma noblesse ;
Veux-tu voir mon écu?

(Il fait un geste indécent.)

LA SORCIÈRE, riant immodérément.

La nature tient bon,
Et le diable est toujours un joli polisson!

MÉPHISTOPHÉLÈS, à Faust.

Mon ami, tu comprends, c'est de cette manière
Que l'on doit converser avec une sorcière.

LA SORCIÈRE.

Et maintenant, Messieurs, qu'exigez-vous de moi?

MÉPHISTOPHÉLÈS.

De l'élixir de vie assaisonné par toi.
Donnez-en du plus vieux; la force en est plus grande.

LA SORCIÈRE.

En voici d'un flacon dont je suis très friande.
Il ne doit plus avoir gardé la moindre odeur.
Faut-il vous en verser? (Bas.)
Si de cette liqueur,
Sans être préparé ton compagnon veut boire,
Il est un homme mort.

MÉPHISTOPHÉLÈS.

Eh bien, fais ton grimoire;
Trace un cercle, marmotte, et mélange et bouillit!
C'est un ami; je veux qu'il en tire profit.
Seulement, donne-lui le mieux de ta cuisine.

(La sorcière, avec des gestes bizarres, trace un cercle dans lequel elle place des choses singulières; pendant ce temps les verres commencent à tinter, les marmites à résonner. A la fin, elle apporte un grand livre et place dans le cercle les singes qui lui servent de pupitre, et qui sont obligés de tenir la torche; puis elle fait signe à Faust d'approcher.)

FAUST, à Méphistophélès.

Appareil insensé! déplorable sentine!
Je répugne à cela; j'en sais l'absurdité.

MÉPHISTOPHÉLÈS.

Faut-il pas rire un peu? Soyez moins révolté.
Ainsi qu'un médecin elle fait des grimaces,
Pour aider l'ordonnance et t'infuser ses grâces.

(Il oblige Faust à entrer dans le cercle.)

LA SORCIÈRE, lisant dans le livre et déclamant avec emphase.

Comprends-moi bien! D'un seul fais dix!
Tu passes le deuxième,
Au suivant fais de même,
Et je le dis,
Tu t'enrichis!
Néglige encor mon quatrième;
De cinq et six, fais sept et huit,
L'œuvre est produit.
Neuf sont un, dix aucun. Telle est l'arithmétique
De l'art cabalistique.

FAUST.

La vieille est en délire.

MÉPHISTOPHÉLÈS.

Oh, calme-toi, mon bon!
Le livre tout entier s'exprime sur ce ton.
J'ai mis assez de temps à le vouloir apprendre,
Mais ne veux pas jurer que je puisse l'entendre;
Car deux termes qui sont des contraires parfaits,
Pour le sage et le fou demeurent des secrets.
Un fait trois, trois sont un? Essayez de comprendre!
Vieux brocard cependant des siècles répété,
Ainsi qu'une immuable et sainte vérité!
A ce taux l'on bavarde et disserte sans peines.
Faut-il creuser son front à ces sornettes vaines?
Mais l'homme volontiers à tous les mots sonnants,
Pense qu'il est moyen de rattacher un sens.

LA SORCIÈRE continuant.

Oui, la puissance
De la science,
Secret d'en bas!
Tombe en partage
A l'homme sage
Qui n'en veut pas!

FAUST.

Quelle insigne folie encor débite-t-elle?
Faut-il de ce chaos me rompre la cervelle!
On croirait écouter un chœur de mille fous.

MÉPHISTOPHÉLÈS.

Excellente sybille, assez, vois-tu, pour nous!
Apporte ta liqueur, verse pleines rasades!
Pour lui je ne crains rien; il a pris tous ses grades,
Et déjà bu maint coup qui valait celui-ci.

(La sorcière verse avec beaucoup de cérémonies le breuvage dans une coupe: au moment où Faust la porte à sa bouche, il s'élève une légère flamme.)

MÉPHISTOPHÉLÈS.

Avale hardiment, allons, et dis merci!
Quand on tutoie le diable est-ce qu'on craint la flamme?
Ça te rajeunira le corps ainsi que l'âme.
(La sorcière rompt le cercle; Faust en sort.)
Là! dehors vivement! Il faut te remuer.

LA SORCIÈRE.

Puisse ce petit coup sur vous bien influer!

MÉPHISTOPHÉLÈS, à la sorcière.

C'est bon! et si tu veux en retour quelque chose,
Aux nuits de Walpurgis je permets qu'on m'en cause.

LA SORCIÈRE.

Prenez cette chanson. Vous en éprouverez
Des effets merveilleux quand vous la chanterez.

MÉPHISTOPHÉLÈS à Faust.

Maintenant partons vite et te laisse conduire!
Il faut absolument que tout ton corps transpire,
Pour que le philtre agisse au dehors et dedans.
D'oisive volupté viendront plus tard les temps.
Aujourd'hui dans tes flancs si Cupidon sommeille,
Tu sentiras alors comment il se réveille.

FAUST.

Laisse-moi regarder encor dans ce miroir!
Cette image de femme était si belle à voir.

MÉPHISTOPHÉLÈS.

Non, plus tard tu l'auras vivante ta sirène!
(Bas.)
Ce philtre au corps, l'on a partout la belle Hélène.

## UNE RUE.

### FAUST, MARGUERITE, passant.

FAUST.

Pourrai-je vous offrir, ma belle demoiselle,
Ma conduite et mon bras?

MARGUERITE.

Laissez; je ne suis belle
Ni demoiselle, et puis rentrer seule au logis.
(Elle se dégage et passe.)

FAUST.

La belle enfant! Vit-on plus d'attraits réunis?
Si blonds cheveux, fraîcheur plus éclatante,
Modeste retenue et grâce plus piquante?
Comme elle a doucement baissé ses grands yeux bleus!
Par le ciel, comme un fou j'en deviens amoureux!
(A Méphistophélès qui arrive.)
Il me faut cette fille! entends-tu?

MÉPHISTOPHÉLÈS.

Hé! laquelle?

FAUST.

Celle qui passait là.

MÉPHISTOPHÉLÈS.

Faut oublier la belle.
Elle vient de l'église, et son digne curé
De tout péché l'absout. Tout à l'heure, fourré
Près du Saint-Tribunal, j'épiai sa jeunesse:
Ame et cœur innocent qu'un rien mène à confesse.
Aucun pouvoir sur elle.

FAUST.

Elle a pourtant quinze ans.

MÉPHISTOPHÉLÈS.

Voyez ce don Juan ! ce vaurien ! Tu prétends
Que toute fleur jolie orne ta boutonnière.
Il n'en va pas toujours ainsi dans la carrière.

FAUST.

Monsieur fait le prêcheur ! Je te dis carrément
Que je veux cette nuit posséder cette enfant.
Sinon, bonsoir !

MÉPHISTOPHÉLÈS.

Héhé ! qu'un peu l'on réfléchisse !
Rien que pour épier l'occasion propice,
Il faudrait quinze jours.

FAUST.

Si j'avais du loisir,
Je n'aurais pas besoin du diable pour bâtir.
A moi seul, en trois jours, je séduirais la fille.

MÉPHISTOPHÉLÈS.

Comme un Français déjà le voilà qui babille.
Quelle soif de jouir ! Ne vaudrait-il pas mieux
Avant d'aller si loin, de jouer l'amoureux,
Palper les alentours, attiffer sa poupée,
Lui prendre cent baisers comme à la dérobée ;
Tous ces brimborions donnent de l'appétit,
Et maint conte gaulois en dit la procédure.

FAUST.

Le mien sans tant d'apprêts demande son profit.

MÉPHISTOPHÉLÈS.

Plaisanterie à part, mon maître, je te jure,

Tu n'auras pas si tôt la belle créature !
Un assaut serait voisin ; il nous faudra ruser.

FAUST.

O de mon doux trésor quelque chose à baiser !
Donne-moi le fichu qui couvre sa poitrine,
Ou le lacet d'argent qui tient sa jambe fine !
Conduis-moi vers la couche où sa tête repose !

MÉPHISTOPHÉLÈS.

Allons, je veux montrer mon zèle pour ta cause,
Et te conduirai seul, dans sa chambre, aujourd'hui.

FAUST.

La verrai-je ? l'aurai-je ?

MÉPHISTOPHÉLÈS.

Aussitôt ? je ne pui.
Mais je l'amènerai là-bas, chez sa voisine.
Tu pourras t'y baigner jusqu'à satiété
Au souffle parfumé de sa bouche divine,
En attendant le jour d'un repas mieux renté.

FAUST.

Trouve-moi des bijoux, et dignes de ses charmes.

MÉPHISTOPHÉLÈS.

Des présents ? Bravissime ! on te rendra les armes !
Je sais mainte cachette aux merveilleux trésors,
Et vais y faire un tour pour servir tes transports.

## LE SOIR.

*Une petite chambre bien proprette.*

MARGUERITE, *tenant ses nattes et les relevant.*

Je voudrais bien savoir qui c'est, cet étranger?
Il avait très bon air, et paraît voyager.
Son regard fier me dit qu'il est de noble race.
Sinon, eût-il osé montrer autant d'audace.

*(Elle sort.)*

## FAUST, MÉPHISTOPHÉLÈS.

MÉPHISTOPHÉLÈS.

Chut! Entrez doucement!

FAUST, *après un moment de silence.*

De grâce, laisse-moi!

MÉPHISTOPHÉLÈS, *flairant autour de lui.*

Toute fille n'est pas si proprette, ma foi!

*(Il sort.)*

FAUST, *regardant autour de lui.*

Salut doux crépuscule, adorable mystère,
Qui voiles à demi ce chaste sanctuaire!
Remplis, remplis mon cœur, douce peine d'amour;
Loin d'elle pourrait-il battre encore un seul jour!
Tout respire en ces lieux l'ordre et la quiétude.
Quelle abondance en cette pauvreté!
Dans ce réduit que de félicité!

*(Il se jette dans le fauteuil de cuir qui est placé près du lit.)*

Vieux siège des aïeux, calme ma lassitude.

Combien d'événements a vécu ton bois rude,
Où le père et la mère, avec la paix du soir,
Entourés des enfants nombreux, viennent s'asseoir.
Ici, bénissant Christ, faible encor, mon amie,
De l'aïeule souvent baisa la main vieillie.
O vierge, ton esprit d'ordre, d'attention,
De petits soins exquis et de dévotion,
En un doux paradis transforme ta chambrette,
Et je bénis ta main à ranger toujours prête.
Et là......

(Il soulève le rideau du lit.)

C'est un délire en mon cœur étonné!
Je voudrais demeurer ici la nuit entière.
Nature! c'est bien là que tu formas en mère
Mon bel ange incarné.
Oui, là tu l'endormis, plante fragile encore,
Prodigue, tu mêlas sur sa joue et son flanc,
Aux neiges du lait blanc
Les roses de l'aurore.
Ta sainte activité vint arrondir son sein,
Et poser sur sa lèvre un incarnat divin.
A ses beaux cheveux blonds tu versas ta lumière;
Tu mis l'azur du ciel dans l'azur de ses yeux;
Tu formas ton chef-d'œuvre active et solitaire,
O mère, pour en faire une image des dieux.

Mais toi! qui t'a conduit au fond du sanctuaire?
Parle! qu'y viens-tu faire?
Que mon âme est pesante et mes désirs émus!
Malheureux Faust, je ne te connais plus!

Je suis comme plongé dans un cercle magique!
J'arrivais pour jouir, et, tout mélancolique,
En doux rêves d'amour je m'égare et me perds!
Nous sommes les jouets de l'haleine des airs?

Si maintenant soudain elle entrait, grave et pure,

Que mes tristes discours seraient bien expiés !
L'orgueilleux fanfaron, honteux et sans murmure,
Tomberait à ses pieds !

MÉPHISTOPHÉLÈS, *arrivant.*

Dépêchez ! elle vient.

FAUST.

Fuyons et pour jamais !

MÉPHISTOPHÉLÈS.

Voici l'écrin ; mettez-le vite dans l'armoire.
Je l'ai pris n'importe où ; mais, vous pouvez m'en croire,
Elle en perdra la tête ; oh ! c'est qu'il est de prix !
J'y joignis quelque objet pour gagner sa voisine.
Des jouets les enfants seront toujours épris.

FAUST.

Je ne sais si je dois?

MÉPHISTOPHÉLÈS.

Qu'est-ce qu'il nous rumine ?
Voulez-vous par hasard le conserver pour vous ?
Dans ce cas, je conseille à vos folâtres goûts,
De mieux utiliser votre temps et ma peine.
Serait-ce l'avarice à présent qui t'entraîne ?
Je me gratte la tête et me frotte les mains,

(*Il place la cassette dans l'armoire, qu'il referme aussitôt.*)

— Là, partons ! — je fais tout pour aider tes desseins,
Et pour amadouer la petite sirène ;
Et vous faites un front, comme si vous alliez
En robe de docteur prêcher vos écoliers,
Et que devant vos yeux se dressait, fatidique,
La physique en personne ou la métaphysique !
Au large !

(*Ils sortent.*)

MARGUERITE, *une lampe à la main.*

Qu'il fait lourd ! l'odeur de renfermé !

(*Elle ouvre une fenêtre.*)

Pourtant l'air est dehors doucement embaumé.
Je me sens, je ne sais comment, toute troublée —
Mère ne rentre pas; où donc est-elle allée?
Un frisson me parcourt toute de ce côté.
Je suis bien sotte et bien peureuse, en vérité!

(Elle chante en se déshabillant.)

I

Il était un roi de Thulie,
Gardant toujours inconsolé,
Don suprême de son amie,
Une coupe en or ciselé.

II

Il l'aimait mieux que sa couronne.
Et tous les jours il s'en servait;
D'extase son regard rayonne,
Toutes les fois qu'il y buvait.

III

Sentant le terme de sa vie,
Il fit venir son héritier;
Hormis la coupe de sa mie,
Il lui voulut tout octroyer.

IV

Puis fit une dernière orgie
Entouré de ses trois cents preux,
Dominant la mer en furie,
Dans la salle de ses aïeux.

V

Sa main remplit la coupe amie
Et lentement il la vida;

Ne devant boire de sa vie,
Dans le flot sombre il la jeta.

VI

Il la vit tomber, disparaître,
Et fit entendre un long soupir;
Et pour toujours le puissant maître
Sentit ses yeux s'appesantir.

(Elle entr'ouve l'armoire pour serrer ses vêtements, et aperçoit l'écrin.)

Comment cette cassette est-elle ici venue?
L'armoire était fermée, et j'en suis convaincue.
C'est étrange, vraiment! Que peut-elle tenir?
Peut-être on l'apporta comme un gage à ma mère?
Mais, la clef pend après; oh, je puis bien l'ouvrir.
Dieu du ciel, que c'est beau! Quel est donc ce mystère?
Je n'ai vu de ma vie aussi riche bijou!
Une reine pourrait les porter à son cou!
Qui peut en être
L'heureux maître?
Je voudrais bien savoir si le collier me va?
On peut bien essayer.

(Elle se pare et se mire.)

Comme on change avec ça!
Si j'avais seulement les deux pendants d'oreilles!
A quoi sert la beauté, la jeunesse vermeilles?
On les a, c'est très bon! qui s'en est soucié?
Sans fortune, on vous loue avec une pitié!
C'est à l'or qu'on en veut; l'or est tout pour les hommes.
Ah pauvres que nous sommes!

---

## UNE PROMENADE.

FAUST, pensif, allant et venant. MÉPHISTOPHÉLÈS, accourant à lui.

MÉPHISTOPHÉLÈS.

Par l'amour dédaigné! par l'enfer et ses feux!
Je voudrais bien trouver des serments plus affreux.

FAUST.

Qu'as-tu? Tu n'as jamais paru si pitoyable!

MÉPHISTOPHÉLÈS.

Je me donnerai bien à l'instant même au diable,
Si je n'en étais un.

FAUST.

Es-tu fou? Va toujours!
La fureur te sied bien.

MÉPHISTOPHÉLÈS.

Foin de tous nos amours!
Les bijoux apportés à votre demoiselle,
Le curé les a pris. Sa mère pimprenelle,
Les voyant si brillants, fut prise d'un frisson.
Cette dame a du flair, et pose son nez long
Sur chaque objet, pour voir s'il est saint ou profane.
Sentant que mon cadeau ne venait pas du ciel :
« Enfant, dit-elle, enfant, bien mal acquis nous damne.
A la Mère de Dieu, par un don solennel,
Consacrons ces trésors, et gloire à l'Éternel! »
L'autre fit bien la moue : A cheval donné, mère,
Regarde-t-on les dents? pensait la téméraire.
Celui qui les porta si gentiment ici,
Ne peut être un méchant et mérite un merci.
La mère néanmoins fit venir le saint prêtre

Oui, l'histoire pesée et les bijoux aussi :
A l'Église, ma fille, il nous faut les remettre.
Elle a l'estomac bon! On l'a vu dévorer
Des royaumes, et seule elle peut digérer
Le bien d'autrui, sans être en rien incommodée.

FAUST.

L'usage est plus commun, et les juifs et les rois
Le peuvent bien aussi.

MÉPHISTOPHÉLÈS.

Poursuivant son idée,
Le bonhomme en son sac escamote à la fois
Chaînes, boucles, colliers, comme il eût fait des noix.
Puis il dit : « Vous serez du ciel gratifiées, »
Les laissant toutes deux très bien édifiées.

FAUST.

Et Gretchen?

MÉPHISTOPHÉLÈS.

Tourmentée, agitée, ignorant
Que faire ou que vouloir, et nuit et jour rêvant,
Un peu de ses bijoux, plus à la main discrète
Qui les fit parvenir.

FAUST.

Sa douleur m'inquiète.
Apporte-lui ce soir un autre riche écrin.

MÉPHISTOPHÉLÈS.

A son aise monsieur pille mon magasin.

FAUST.

Puis tu t'accrocheras à Marthe sa voisine.
Je le veux! Ne sois pas un diable de praline!

MÉPHISTOPHÉLÈS.

Volontiers, monseigneur!

(Faust sort.)

Un pareil amoureux

Ruinerait un royaume avant un jour ou deux.
Pour distraire sa belle et charmer son caprice,
Il lancerait le ciel dans un feu d'artifice.

(Il sort.)

---

## LA MAISON DE MARTHE.

MARTHE, seule.

A mon pauvre mari que le Seigneur pardonne!
Hélas! trois ans passé depuis qu'il m'abandonne!
Me laissant sur la paille, il va courir au loin.
Pourtant, je ne lui fis jamais une misère.
Je l'aimais tendrement, le ciel m'en est témoin!

(Elle pleure.)

Peut-être est-il mourant, déjà mort! Peine amère!
Encore si j'avais son extrait mortuaire!

MARGUERITE.

Dame Marthe!

MARTHE.

Qu'as-tu?

MARGUERITE.

Voyez! j'en tremble encor.
Je retrouve un écrin rempli de bijoux d'or.

MARTHE.

Cette fois ne va pas le conter à ta mère!
Elle irait les porter à ton curé, ma chère.

MARGUERITE.

Prends-les, regarde-les! Qu'ils sont beaux et brillants!

MARTHE, la parant.

Qu'à mon heureuse enfant siéront ses ornements!

MARGUERITE !

Mais l'ennui ! dans la rue, en public, à l'église,
Je n'ose les porter de crainte qu'on médise.

MARTHE.

En secret viens ici quelquefois t'en parer,
Et moi je serai là, pour t'aider, t'admirer.
Puis petit à petit, les jours de grande fête,
D'abord de ce bijou tu pareras ta tête,
Puis d'un autre ton bras, et d'un autre ton sein.
Ainsi nous ne craindrons pas d'indiscret voisin.
Ta mère ignorera; nous lui ferons un conte.

MARGUERITE.

Mais cet écrin venu d'une façon si prompte,
Peut-on chrétiennement y toucher sans danger ?
(On frappe.)
Si c'était mère !

MARTHE, épiant à travers la porte.

Attends ! Non; c'est un étranger.
(Elle ouvre.)

MÉPHISTOPHÉLÈS, entre, puis recule respectueusement devant Marguerite.

Mesdames, pardonnez si je prends la licence,
Quoique inconnu, d'entrer.
(A Marthe.)
Suis-je pas en présence
De madame Schwertlein ?

MARTHE.

Monsieur, pour vous servir.
Vous désirez peut-être à part m'entretenir ?

MÉPHISTOPHÉLÈS, bas à Marthe.

Puisqu'on a maintenant l'honneur de vous connaître,

Madame, on reviendra quand vous voudrez permettre.
Je vois que vous avez du monde distingué,
Et serais désolé de l'avoir fatigué.

MARTHE.

Gretchen, pense, il te prend pour une grande dame.

MARGUERITE.

Monsieur est bien trop bon, et je ne suis, hélas,
Que la pauvrette enfant d'une bien humble femme.
Cet or et ces bijoux ne m'appartiennent pas.

MÉPHISTOPHÉLÈS.

Ce n'est pas seulement, Madame, la parure.
C'est tout en vous, le ton, le regard, la tournure.
Vous me rendez heureux m'accordant de rester.

MARTHE.

Que m'apporte Monsieur? Veut-il bien raconter?

MÉPHISTOPHÉLÈS.

Ah! d'un plus gai récit que n'ai-je à vous instruire!
Mais ne m'en veuillez pas de ce qu'il me faut dire :
Votre homme est mort, Madame, et vous fait saluer.

MARTHE.

Il est mort! ce bon cœur! Je succombe! O déboire!

MARGUERITE.

Pauvre Marthe! épargnez! ce coup va la tuer.

MÉPHISTOPHÉLÈS.

Madame, écoutez-en la lamentable histoire.

MARGUERITE.

Ah! voilà bien pourquoi je veux n'aimer jamais!
Un malheur comme ça me frappant, j'en mourrais.

MÉPHISTOPHÉLÈS.

La peine a son plaisir et le plaisir sa peine.

MARTHE.

Racontez-moi sa fin!

MÉPHISTOPHÉLÈS.

Il a laissé sa gaîne
Auprès de saint Antoine, à Padoue, en saint lieu.
Il y dort pour toujours dans la grâce de Dieu.

MARTHE.

Vous n'avez rien de lui?

MÉPHISTOPHÉLÈS.

Si fait, une prière
Importante et pieuse; oui, pour sa fin dernière,
Il voudrait qu'on chantât trois cents messes dans l'an
Mes poches sont d'ailleurs vides pour tout bilan.

MARTHE.

Quoi rien! pas une pièce, une bague, une chaîne;
Ce souvenir sacré qu'en dépit de la gêne,
Comme son talisman garde tout ouvrier,
Dût-il jeûner, dût-il périr ou mendier!

MÉPHISTOPHÉLÈS.

Vous m'en voyez navré. Mais à coup sûr, Madame,
Il n'a pas gaspillé son argent. Sa bonne âme
A pleuré ses péchés, et son malheur surtout.

MARGUERITE.

Comme il a dû souffrir si pauvre jusqu'au bout.
A son intention, je veux souvent redire
La prière des morts.

MÉPHISTOPHÉLÈS.

Belle enfant qui soupire,
Comme vous feriez bien le bonheur d'un époux.

MARGUERITE.

Oh non, c'est bien trop vite!

MÉPHISTOPHÉLÈS.

En attendant qu'il vienne,
Prenez donc un galant. Passe-temps des plus doux,
De tenir dans ses bras une chose si sienne.

MARGUERITE.

C'est pas l'usage, ici.

MÉPHISTOPHÉLÈS.

Qu'importe! Usage ou non,
Ça se fait bien aussi.

MARTHE.

Mais racontez-moi donc?

MÉPHISTOPHÉLÈS.

Je me tenais auprès de sa couche dernière:
De la paille pourrie, à peu près du fumier.
Cependant il mourut en chrétien sincère,
Trouvant le ciel trop bon de le tant essuyer,
Exemple comme il faut savoir se résigner.
« Hélas, s'écriait-il, je m'abhorre dans l'âme,
D'avoir abandonné mon métier et ma femme.
Ce souvenir me tue. Aurai-je son pardon! »

MARTHE.

Ho je t'ai pardonné depuis longtemps, mon bon!

MÉPHISTOPHÉLÈS.

« Mais, Dieu le sait aussi, ce fut surtout sa faute! »

MARTHE.

Comment! mentir encor quand la mort le cahotte!

MÉPHISTOPHÉLÈS.

Sans doute, il radotait dans ses derniers moments,
Pour peu qu'en connaisseur à demi je me cote :
« Je n'avais pas près d'elle une heure de bon temps !
Il me fallait d'abord lui faire des enfants,
Puis les nourrir, et ça dans le sens le plus large :
Vêtements, pain, loyer, tout était à ma charge.
Encor si j'avais pu manger ma part en paix ! »

MARTHE.

Il donc oublié mon amour, ma sagesse,
Mes fatigues de jour et de nuit ? Le mauvais !
Le coquin !

MÉPHISTOPHÉLÈS.

Non, madame, il y pensait sans cesse.
« Lorsque, me disait-il, de Malte je partis,
Je priais vivement pour ma femme et mes fils !
Le ciel me fut propice, et nous fîmes capture
D'un vaisseau turc, chargé du trésor du Sultan.
La valeur fut alors payée avec usure,
Et j'eus ma large part à tout l'or musulman. »

MARTHE.

Une somme ! hé ! hé ! L'aurait-il enfouie ?

MÉPHISTOPHÉLÈS.

Qui peut dire où depuis l'a dispersé l'autan !
Comme il passait à Naple, une dame jolie
A lui s'intéressa, lui montrant tant d'amour,
Qu'il s'en est ressenti jusqu'à son dernier jour.

MARTHE.

Le pendard ! le voleur de sa propre famille !
Ainsi tout son malheur, le besoin l'aggripant,
Rien n'a pu l'empêcher de vivre en sacripant ;
Il fallait qu'il traînât partout sa souquenille !

MÉPHISTOPHÉLÈS.

Voyez ! il en est mort. Aussi, si j'étais vous,
Je porterais son deuil pendant les mois d'usage,
Tout en visant sous main quelque nouvel époux.

MARTHE.

Hélas ! en trouverai-je un autre à son image!
Il n'était pas au monde animal aussi doux !
Seulement il aimait trop le vagabondage,
Les femmes du dehors, les vins de l'étranger,
Et les dés endiablés.

MÉPHISTOPHÉLÈS.

Ça pouvait s'arranger,
Hé, hé, s'il vous laissait presque un même avantage.
A ces conditions, je pourrais échanger,
J'en jure, avec vous l'anneau du mariage.

MARTHE.

Oh ! monsieur, je le vois, me badine aussitôt.

MÉPHISTOPHÉLÈS, à part.

Partons ! elle est femme à prendre le diable au mot.
(A Marguerite.)
Et que fait votre cœur, gentille Marguerite ?

MARGUERITE.

Que pense bien monsieur ?

MÉPHISTOPHÉLÈS, à part.

Innocente petite !
(Haut.)
Mesdames, serviteur.
(Marguerite salue.)

MARTHE.

Vite encore, dites-moi ?
Je voudrais bien avoir un acte faisant foi

Quand, où, comment décéda mon bonhomme ?
J'ai toujours aimé l'ordre, et je veux qu'on le nomme
Aux tables des décès.

MÉPHISTOPHÉLÈS.

Par deux témoins d'accord,
Madame, en tous pays, la vérité ressort.
Je possède un ami de tournure propice ;
Pour vous nous paraîtrons tous les deux en justice.
Je m'en vais le chercher.

MARTHE.

Oh oui, faites cela !

MÉPHISTOPHÉLÈS.

Et la jeune personne avec vous sera là ?
C'est un grand voyageur, un cavalier modèle,
Qui sait pour la beauté montrer un galant zèlé.

MARGUERITE.

O devant ce seigneur je rougirai trop, moi.

MÉPHISTOPHÉLÈS.

Vous, devant aucun roi !

MARTHE.

Et bien, si ces messieurs consentent à s'y rendre,
Ce soir, dans mon jardin, nous pourrons les attendre.

---

# UNE RUE.

## FAUST, MÉPHISTOPHÉLÈS.

FAUST.

Enfin ! qu'apportes-tu ? quand aboutissons-nous ?

MÉPHISTOPHÉLÈS.

Bravo ! vous revoilà tout ardeur et tout flamme ?
La belle enfant bientôt, je le jure, est à vous.
Vous la verrez ce soir, là, chez Marthe, une femme
Faite à souhait, vraiment, pour le sacré métier
De vieille entremetteuse et de bohémienne !

FAUST.

C'est bon !

MÉPHISTOPHÉLÈS.

Mais, à son aide il faut aussi qu'on vienne.

FAUST.

Un service attend l'autre.

MÉPHISTOPHÉLÈS.

Il nous faut témoigner
Que les membres raidis de son époux volage,
Reposent à Padoue et dans un saint quartier.

FAUST.

Bien habile ! entreprendre un aussi long voyage ?

MÉPHISTOPHÉLÈS.

*Sancta simplicitas !* vraiment pour quel objet ?
Témoignez seulement sans savoir davantage.

FAUST.

Si tu n'as rien de mieux, c'est fait de ton projet.

MÉPHISTOPHÉLÈS.

Le saint homme ! et voyez, il croit l'être en effet !
Est-ce l'unique fois de votre vie entière
Que vous affirmeriez en témoin téméraire ?
Vous ! qui donniez jadis, sans hésitations
Devant vos écoliers, les définitions
Du grand Dieu créateur, puis du monde et de l'homme,
De tout ce qui s'y meut, de leur but et leur fin ?
Avouez franchement, en saviez-vous, en somme,
Bien plus que du mari de madame Schwertlein !

FAUST.

Tu ne seras jamais qu'un menteur, un sophiste.

MÉPHISTOPHÉLÈS.

Oui, si je n'étais pas quelque peu moraliste.
N'iras-tu pas demain, séduire cette enfant,
Et lui jurer, d'honneur, un amour triomphant.

FAUST.

C'est de toute mon âme.

MÉPHISTOPHÉLÈS.

Et quand ton éloquence
Alors lui parlera d'éternelle constance,
D'unique passion, d'irrésistible amour,
Tout cela sera-t-il aussi pur que le jour ?

FAUST.

Je sens, j'aime, je vais ! Et si, dans mon délire,
Cherchant en vain des mots qui puissent l'exprimer.
Enivré, confondu, mon cœur qui se déchire,
S'échappe dans un cri sublime, et ne peut dire
Qu'éternel, infini, sans fin, toujours aimer,
N'est-ce qu'un jeu d'enfer, un horrible mensonge ?

MÉPHISTOPHÉLÈS.

Et j'ai pourtant raison !

FAUST.

Assez! et qu'on y songe!
Quand on veut seul parler, on a toujours raison.
Je te prie avant tout d'épargner mon poumon.
Viens, je suis excédé de tout ce bavardage.
Ne faut-il pas que j'aille..! en veux-tu davantage?

---

## UN JARDIN.

MARGUERITE au bras de FAUST. MARTHE et MÉPHISTOPHÉLÈS se promenant de long en large.

MARGUERITE.

Je sens bien que monsieur me ménage et s'amuse,
Et de ses compliments je suis toute confuse.
Un voyageur saisit ce qu'il peut rencontrer.
Ma conversation ne saurait attirer
Un homme de ton rang, de ton expérience.

FAUST.

Ton sourire vaut mieux que toute la science.
(Il lui baise la main.)

MARGUERITE.

Pourquoi baiser ma main? Ne faites pas cela;
Elle est si rude et laide. Avec l'aube déjà
Commence mon travail. Ma mère est exigeante.
(Ils passent.)

MARTHE.

Ainsi, monsieur, toujours vous voyagez?

MÉPHISTOPHÉLÈS.

Charmante!
Hélas, oui! le devoir, le occupations.

Mais c'est avec douleur que parfois nous partons;
L'on voudrait bien rester !

MARTHE.

Tant que jeunesse dure,
On peut avec plaisir courir à l'aventure.
Mais l'âge vient, ça change; et, c'est un triste sort,
Sans femme et sans foyer s'en aller vers la mort.

MÉPHISTOPHÉLÈS.

Je vois venir ce jour, et frémis quand j'y pense.

MARTHE.

A se pourvoir, il faut songer un peu d'avance.
(Ils passent.)

MARGUERITE.

Vous êtes bien poli! Mais je sais : loin des yeux,
Loin du cœur. Vous avez nombre d'amis joyeux,
Et bien intelligents auprès de Marguerite.

FAUST.

Ce que le monde appelle art, plaisir, ou mérite,
Chère, n'est bien souvent que crime et vanité.

MARGUERITE.

Comment ça?

FAUST.

L'innocence et la simplicité
Ne sauront donc jamais leur valeur infinie!
Sort modeste, humble cœur : gages d'heureuse vie...

MARGUERITE.

Vous penserez à moi du moins quelques instants;
Moi, je pourrai rêver de vous, pendant longtemps.

FAUST.

Vous êtes souvent seule?

MARGUERITE.

Oui, car notre ménage,
Pour être assez petit, donne encor de l'ouvrage.
Nous sommes sans servante; à moi de nettoyer,
Cuisiner, tricotter, et coudre, et balayer.
Ma mère en toute chose est si méticuleuse !
Elle pourrait pourtant me faire plus heureuse.
Nous avons quelque bien. Notre père, en mourant,
Nous laissa maisonnette et domaine assez grand.
Nous pourrions en prendre aussi bien à notre aise
Que d'autres. A présent, ma charge est moins mauvaise;
Frère s'est fait soldat, morte est petite sœur.
L'enfant me donnait bien du mal, mais de grand cœur
Je reprendrais ma tâche; elle m'était si chère.

FAUST.

Ange semblable à toi !

MARGUERITE.

Tout ainsi qu'une mère,
C'est moi qui l'élevai. Père était déjà mort,
Et mère en accouchant faillit suivre son sort;
Ce n'est qu'au bout d'un an qu'elle fut rétablie.
Le pauvre vermisseau fut par moi recueillie.
C'est moi qui la portait, la soignait, l'endormait,
La chauffait sur mon sein; et comme elle m'aimait !
C'est moi qui l'ai nourrie avec un doux mélange,
De lait, de sucre et d'eau ! Le pauvre petit ange !

FAUST.

Ce fut un pur bonheur !

MARGUERITE.

Pénible par moment.
L'enfant dans son berceau près de mon lit dormant,
Ses moindres mouvements m'éveillaient; et, sans cesse,

Il fallait le bercer, lui faire une caresse,
Ou lui donner à boire ; et s'il était méchant,
Par le froid il fallait me lever, puis le prendre
Dans mes bras, en chantant longtemps le promener ;
Et malgré l'insomnie, avec l'aube se rendre
A son travail, faire le déjeûner,
Puis courir au marché, pour le beurre ou la crême,
Et laver, repasser ; et tous les jours de même.
Ce n'est pas toujours gai que de trimer ainsi ;
Mais l'appétit du moins est bon, la sieste aussi.

(Ils passent.)

MARTHE.

Pauvres femmes que nous ! C'est une rude affaire
Qu'essayer d'attendrir un vieux célibataire.

MÉPHISTOPHÉLÈS.

Dame semblable à vous me convertirait bien.

MARTHE.

Vous n'êtes pas tenu par quelque autre lien?
Vous parlez franchement?

MÉPHISTHOPHÉLÈS.

Foyer chaud, brave femme,
Dit un proverbe sûr, font le bonheur de l'âme.

MARTHE.

Vous n'avez jamais eu quelque velléité?

MÉPHISTOPHÉLÈS.

On m'a reçu partout avec civilité.

MARTHE.

Je veux dire : ce cœur n'eût-il pas une flamme,
Un amour sérieux?

MÉPHISTOPHÉLÈS.

Je suis d'avis, madame,
Qu'il faut être toujours en cela sérieux.

MARTHE.

Oh, tu ne comprends pas!

MÉPHISTOPHÉLÈS.

J'en suis bien malheureux!
Mais je comprends du moins — que vous êtes bien bonne.
(Ils passent.)

FAUST.

Et tu m'as reconnu de suite, ma mignonne?

MARGUERITE.

Quand vous êtes venu, ne me vîtes-vous pas
Sitôt baisser les yeux?

FAUST.

Et ton cœur me pardonne,
D'avoir devant le dôme osé t'offrir mon bras?

MARGUERITE.

Jamais je ne sentis mon âme plus émue.
Nul pourtant n'avait pu dire du mal de moi.
Je pensais : ce monsieur a-t-il trouvé chez toi
Un regard trop hardi, trop peu de retenue,
Une façon qui dût le rendre entreprenant?
Mais, je dois l'avouer; quelque chose à l'instant,
Là, remua pour vous. J'étais très mécontente
De ne pas me sentir envers vous plus méchante.

FAUST.

Douce amie!

MARGUERITE.

Attendez!
(Elle cueille des marguerites.)

FAUST.

Tu veux faire un bouquet?

MARGUERITE.

Non, c'est un jeu.

FAUST.

Comment?

MARGUERITE.

Monsieur se moquerait.

(Elle effeuille ses fleurs en murmurant quelques paroles.)

FAUST.

Dis quels sont les doux mots que ta bouche murmure?

MARGUERITE, à demi-voix.

Il m'aime — m'aime pas.

FAUST.

Ma douce créature!

MARGUERITE, continuant.

Il m'aime — Pas — Il m'aime — Pas —

(Elle arrache la dernière feuille avec une joie sereine.)

Il m'aime!

FAUST.

Oh oui, je t'aime, enfant, et sans mesure!
Crois-en la voix du ciel, l'oracle de ta fleur;
Que ce mot tout-puissant envahisse ton cœur.

MARGUERITE.

Je frissonne, je tremble!

FAUST.

Éloigne toute crainte!
Laisse-moi te presser dans la plus douce étreinte;
Laisse mes yeux aux tiens dire ce qu'est aimer,
Passion que les mots ne peuvent exprimer.
A ton enivrement livre-toi toute entière.
Aimer, c'est se livrer, s'arracher à la terre,

Se donner pour jamais dans un transport divin.
Sans fin! mourir plutôt, oui, toujours et sans fin!

(Marguerite lui presse les mains, se dégage et s'enfuit. Il demeure un instant pensif, puis la suit.)

MARTHE, arrivant.

Voici la nuit, monsiour!

MÉPHISTOPHÉLÈS.

C'est vrai; l'on se retire.

MARTHE.

De rester plus longtemps je voudrais bien vous dire;
Mais on est si méchant, on pourrait en jaser.
Nous avons des voisins disposés à médire.
Et notre jeune couple? Il s'oublie à causer.

MÉPHISTOPHÉLÈS.

Les joyeux papillons, là-bas, sous la rotonde.

MARTHE.

Il en tient.

MÉPHISTOPHÉLÈS.

Elle aussi. Bon! c'est le cours du monde!

---

## UN PETIT PAVILLON DU JARDIN.

Marguerite y entre d'un bond et se tapit derrière la porte; puis, le doigt sur les lèvres, elle regarde à travers les fentes.

MARGUERITE.

Le voici!

FAUST, arrivant.

Ah friponne, est-ce ainsi qu'on m'agace?
Prends-y garde, j'accours, et t'attrappe, et t'embrasse.

MARGUERITE, *le saisissant.*

Je t'aime de tout cœur, Henri!

(*Elle lui rend le baiser. Méphistophélès heurte.*)

FAUST.

Qui vive?

MÉPHISTOPHÉLÈS.

Ami.

FAUST.

L'animal!

MÉPHISTOPHÉLÈS.

Il est temps de partir.

MARTHE.

J'en gémi,
Mais il est tard, monsieur.

FAUST.

Puis-je te reconduire?

MARGUERITE.

Non, non, mère pourrait.. Adieu.

FAUST.

Faut-il souscrire?
Adieu.

MARTHE.

Bonsoir, messieurs.

MARGUERITE.

Au revoir! à bientôt!

(*Faust et Méphistophélès sortent.*)

MARGUERITE.

Cher Dieu, ce qu'un tel homme a dû penser tantôt!
Comme devant ses yeux j'étais rouge et tremblante!
Quand il m'interrogeait, je ne répondais rien,

Où je répétais, oui, monsieur. Pauvre innocente,
Je ne sais ce qu'il peut trouver en moi de bien.
(Elle sort.)

---

## BOIS ET CAVERNES.

FAUST, seul.

Grand et sublime Esprit, je viens te rendre grâce.
Ton visage de feu s'est tourné vers ma face.
En maître, en souverain, j'ai pris possession
De ta belle nature. Avec effusion,
J'ai senti sous ma main palpiter sa poitrine.
Tu m'as permis de lire en son âme divine.
Tu mènes devant moi la chaîne des vivants,
Et dans l'air, dans les cieux, les bois, les océans,
Éclairant ma raison, tu m'as montré des frères.
Quand la tempête éclate au fracas des tonnerres,
Que la forêt se brise et que les pins géants,
Sur les monts ébranlés, vétérans séculaires,
Craquants et tournoyants s'écroulent dans la nuit,
Je sais un antre sûr où ta main me conduit.
Tu m'y montres à moi; je lis en ta présence
Dans l'abîme agité de notre conscience.
Prêtant à tous objets d'harmonieux contours,
Quand la lune remonte en ma nuit, grave et pleine,
La méditation calme reprend son cours,
Des fantômes d'argent palpitent dans la plaine,
Et je crois retrouver l'âme des anciens jours.

Oh que rien de parfait n'appartienne à la terre,
Je le sens maintenant! Dans mon rêve idéal,
Qui d'instant en instant m'approche de ta sphère,
Ta volonté m'adjoint un compagnon fatal,
Un dur et froid railleur de moi-même rival,
Et déjà cependant devenu nécessaire,

Qui souille et flétrit tout de son souffle infernal.
C'est lui qui met en moi cette flamme sauvage;
Sans cesse il reproduit sa séduisante image;
Et je roule, et je vais, du désir au plaisir,
Au sein des voluptés regrettant le désir!

MÉPHISTOPHÉLÈS, survenant.

Enfin, renoncez-vous à cette agreste vie?
Comment un si long temps en gardez-vous l'envie?
L'épreuve est faite, allons à des plaisirs nouveaux!

FAUST.

Pourquoi viens-tu troubler mes instants les plus beaux?

MÉPHISTOPHÉLÈS.

Ho! je te laisse en paix sans que tu le répètes.
C'est tout gain de lâcher un mauvais compagnon.
Pour combler ses souhaits, mes mains sont toujours prêtes;
Encor faut-il savoir ce qui lui plaît ou non.

FAUST.

Il m'ennuie et prétend que je l'en remercie.
C'est le prendre vraiment sur un bien juste ton!

MÉPHISTOPHÉLÈS.

Hé! comment aurais-tu sans moi conduit ta vie,
Pauvre fils du néant? et de ta fantaisie
N'ai-je pas pour longtemps guéri le zig-zag fou?
Sans moi, n'aurais-tu pas déjà plié bagage?
Pourquoi courir la nuit dans ce désert sauvage?
Veux-tu parmi les rocs nicher comme un hibou?
Ramper comme un crapaud, te nourrir de poussière,
Te faire une maison d'une suante pierre?
Le passe-temps choisi! Le docteur te reprend.

FAUST.

Si tu pouvais sentir la fraicheur et la vie,

Que l'inculte désert a versé dans mon sang,
Tu m'en arracherais avec jalousie.

MÉPHISTOPHÉLÈS.

Un plaisir surhumain qu'aller en furibonds,
Coucher dans la rosée, escalader les monts;
Puis en fièvre, embrasser et le ciel et la terre;
Se croire un dieu; sonder toutes les profondeurs;
Cumuler dans son sein les six jours créateurs;
A force de folie oublier sa misère;
Avec effusion se répandre dans tout;
Du fils de ce limon ne rien laisser debout;
Pour consommer enfin sa merveilleuse extase.....
(Avec un geste indécent.)
Faut-il dire comment —

FAUST.

L'abominable phrase!

MÉPHISTOPHÉLÈS.

Ho! ça vexe milord! Il voudrait du bon ton.
Homme civilisé que vous avez raison!
Il ne faut pas nommer à la pudique oreille
Ce qu'un pudique cœur aspire à consommer.
A ton aise! mens-toi! mens-toi! c'est à merveille!
Bientôt de cet orgueil il faudra désarmer.
Assez! la petite est là-bas qui se désole;
Et ton brusque départ a cru la rendre folle.
Elle t'aime au delà de ce qu'on peut aimer.
Comme un ruisseau trop plein, à la fonte des neiges,
Sa folie amoureuse a d'abord débordé;
Et maintenant à sec, il crie aux sacrilèges,
Quand le cœur de la belle en est tout inondé.
S'il plaisait à monsieur d'avoir quelque sagesse,
Au lieu de parcourir les bois pour s'entraîner,
Il irait consoler l'adorable tendresse

De ce corps frétillant, tout prêt à se donner.
Assise à sa fenêtre et regardant la nue,
La pauvre enfant s'agite, au moindre bruit émue.
Elle trouve le temps lamentablement long,
Et redit nuit et jour l'éternelle chanson :
« Si j'étais un oiseau, et si j'avais une aile..... »
Tantôt triste, puis gaie, et quand elle a pleuré
Toutes ses larmes, et mille fois soupiré,
Plus tranquille un instant, et toujours plus fidèle.

FAUST.

Ah serpent !

MÉPHISTOPHÉLÈS, à part.

Si tu crois que je te lâcherais !

FAUST.

Va-t-en, damné, va-t-en ! Sais-je pas qu'elle est belle ?
Éloigne son doux corps de mes sens égarés !

MÉPHISTOPHÉLÈS.

Puis après ! dans quel but ? Elle te croit en fuite,
Et tu l'es à peu près.

FAUST.

Vainement je l'évite !
Je ne puis désormais la perdre ou l'oublier.
Quand le corps du Seigneur sur sa lèvre palpite,
Dans sa communion, je pourrais l'envier !

MÉPHISTOPHÉLÈS.

Moi, je t'envie aussi, mais c'est pour autres choses,
Pour ses deux blancs jumeaux qui paissent sous les roses.

FAUST.

Arrière, entremetteur !

MÉPHISTOPHÉLÈS.

Le risible courroux !
Morbleu ! le dieu qui fit des garçons et des filles,

Légitima par suite, et le premier de tous,
L'art de favoriser ces folâtres vétilles.
En route! Un grand malheur, un déplorable sort!
Tu vas à ta maîtresse et non pas à la mort.

FAUST.

En vain je l'ai sentie entre mes bras pressée;
En vain j'ai cru pouvoir renaître sur son sein!
Sa misère à venir devant moi s'est dressée.
Je suis le fugitif, errant sans lendemain;
L'insatiable, qui va sans repos ni trêves,
Torrent précipité de rocher en rocher,
Aspirant à l'abîme insondable et sans grèves!

Mais elle! Pauvre enfant aux doux et chastes rêves,
Paisible dans son nid alpestre, où son clocher,
Sa maison, son jardin renfermait tout son monde,
Qu'en ai-je fait, maudit? Me suffisait-il pas
De saisir les rochers dans ma main furibonde,
Et d'en amonceler les débris sur mes pas!
Fallait-il, elle aussi, l'entraîner dans l'abîme?
Enfer, tu réclamais ce doux lys pour victime?
Damné, du moins abrège! achève ton martyr!
Que ce qui doit venir se hâte de venir!
Que son destin s'écroule et tombe sur ma tête!
Que nous mourions unis dans la même tempête!

MÉPHISTOPHÉLÈS.

Ha! comme de nouveau ça bouillonne et ça cuit!
Grand fou! rentre, et va la consoler cette nuit.
Quand sa pauvre raison ne trouve plus d'issue,
Il s'en va divaguant toute chose est perdue!
Vive l'homme vaillant! Ce n'est pas d'aujourd'hui
Que tu t'es endiablé. Mais est-il rien sur terre
D'aussi stupide, qu'un diable qui désespère?

## CHAMBRE DE GRETCHEN.

GRETCHEN, seule, à son rouet.

Mon cœur est lourd; adieu ma paix !
Hélas, elle a fui pour jamais!

Son absence est pour moi la tombe;
Le monde entier sur moi retombe.

Ma pauvre tête est un chaos;
Mon pauvre cœur est en lambeaux.

Aucune paix pour Marguerite;
Tout a croulé pour la petite.

A ma fenêtre je l'attend,
Puis folle ici je vais cherchant

Son noble port, dans mon délire,
Sa voix dorée et son sourire,

Son œil puissant à m'embraser,
Sa main, hélas, et son baiser !

Non, plus de paix pour ma pauvre âme;
En vain la cherche et la réclame!

Vers lui vole tout mon désir.
Oh! puissé-je le ressaisir,

Et l'embrasser à mon plaisir,
Dussé-je à ses lèvres mourir!

## LE JARDIN DE MARTHE.

### MARGUERITE, FAUST.

MARGUERITE.

Tu me promets, Henri!

FAUST.

Tout ce que je puis faire.

MARGUERITE.

Eh bien, réponds-moi donc comme on fait à sa mère.
Tu es un noble cœur; mais il me semble, hélas!
De la religion tu ne fais pas grand cas?

FAUST.

Pourquoi le demander? enfant, laisse ce thème.
Je suis tout pour les miens et tu sais que je t'aime.
Je n'enlève personne à son culte ou sa foi.

MARGUERITE.

Mais, c'est insuffisant; il faut croire avec moi.

FAUST.

Le faut-il?

MARGUERITE.

Ah, que n'ai-je ici quelque puissance!
Pour les saints sacrements tu n'as qu'indifférence.

FAUST.

Je les respecte tous.

MARGUERITE.

Mais sans les désirer.
A la messe, à confesse on ne peut te montrer.
Du moins tu crois en Dieu?

FAUST.

Qui peut, mon doux visage,
Dire je crois en Dieu? Demande au prêtre, au sage:
Leur réponse ne fait que se railler de toi.

MARGUERITE.

Ainsi, tu n'y crois pas?

FAUST.

Chère âme, comprends-moi!
Lui! qui peut le nommer, et comment oser dire:
J'y crois? Comment sentir et nier son empire?
Qui garde et contient tout ne te contient-il pas
Toi, moi, lui-même, où que marchent nos pas?
Le ciel n'étend-il pas son temple sur ta tête?
La terre est-elle pas immobile à tes pieds?
Les astres éternels, perdus, que rien n'arrête,
Ne caressent-ils pas avec amour tes traits?
Mes yeux plongent-ils pas dans les tiens? et chaque être
Ne se presse-t-il pas comme un fleuve à ton cœur?
Le tout mystérieux t'entoure et te pénètre,
Visible ou non, et beau de sa propre splendeur.
Enfant, ô remplis-en ton âme toute grande!
Plonges-y; que son flot sur ton front se répande!
Et quand tu nageras dans l'éther et le feu,
Appelle ton bonheur amour, extase, Dieu!
Le sentiment est tout; qu'importe la réclame?
Le nom n'est que fumée obscurcissant la flamme!

MARGUERITE.

Combien j'ai de plaisir d'écouter quand tu causes.
Notre curé nous dit presque les mêmes choses;
Mais les mots qu'il emploie un peu sont différents.

FAUST.

Ainsi sous le ciel bleu, chaque être, en son langage,

Répète le même hymne et dit les mêmes chants.
En ma langue aussi moi j'épelle mon hommage.

MARGUERITE.

Ton discours, en ce sens, me paraît assez sage.
Pourtant encore un peu je m'en suis méfié :
Tu ne m'as point parlé du Dieu crucifié.

FAUST.

Chère ange !

MARGUERITE.

Il faut encor te dire une autre peine.
Tu gardes pour ami constant.....

FAUST.

Parle sans gêne.

MARGUERITE.

Cet homme qui te suit m'est dans l'âme odieux.
Jamais plus méchants traits n'avaient frappé mes yeux ;
J'en ai le cœur serré seulement quand j'y pense.

FAUST.

Mignonne, n'en crains rien.

MARGUERITE.

Je tremble en sa présence.
Chacun m'avait connu douce et bonne pourtant;
Mais lui, je le fuirai comme on fuit un serpent.
Autant j'ai de bonheur, de volupté secrète,
A te voir, à t'aimer d'une amitié parfaite,
Autant ton compagnon m'inspire de terreur,
De haine. Je le tiens pour un traître, un menteur.
Dieu veuille pardonner si je lui fais injure.

FAUST.

Ne faut-il pas trouver de tout dans la nature?

MARGUERITE.

Je ne voudrais pour rien demeurer près de lui!
Un froid saisit mon cœur quand il vint aujourd'hui.
Il est toujours railleur, il ricane, il marronne;
Il porte sur son front qu'il ne tient à personne,
Qu'il n'aime rien. Ami, si doux est mon bonheur
Alors que tu me tiens entre tes bras pressée,
Avec tant d'abandon je me sens sur ton cœur!
Qu'il paraisse, et je suis toute bouleversée.

FAUST.

Mon bel ange inspiré!

MARGUERITE.

Oui, c'est plus fort que moi.
Son approche ternit tout, et même ma foi;
Je n'ose plus prier; je vois toujours son rire;
C'est comme un spectre! Hélas! faut-il même le dire?
Il semble, lui présent, que mon amour s'en va.

FAUST.

C'est une antipathie.

MARGUERITE.

Oh, c'est plus que cela!
Mais il faut nous quitter.

FAUST.

Quand donc pourrai-je, amie,
Oublier sur ton sein le moment qui s'enfuit,
Me fondre en toi, en toi faire passer ma vie?

MARGUERITE.

Si j'étais seule, Henri, volontiers cette nuit
Je laisserai ma porte à ton amour ouverte;
Mais ma mère, à côté, s'éveille au moindre bruit.
De honte je mourrais si j'étais découverte.

FAUST.

Ange, écoute ! ce soir, pour endormir ta mère,
Verse de ce flacon trois gouttes dans son verre ;
Elle n'entendra rien.

MARGUERITE.

Ça ne fait aucun mal ?

FAUST.

Voudrais-je conseiller rien qui lui soit fatal ?

MARGUERITE.

Que ne fais-je pour toi ? Ma volonté débile
Ne sais plus à tes vœux que se montrer docile.
Puis, j'ai tant accordé, que mon affection
Ne peut guère alléguer rien qui soit difficile.

MÉPHISTOPHÉLÈS, survenant.

Ta brebis s'est enfuie ?

FAUST.

Encore l'espion !

MÉPHISTOPHÉLÈS.

Et qui même écoutait avec attention.
On vous a fait céans un peu de catéchisme ;
Vous en ferez profit, j'espère, compagnon !
La femme volontiers nous prêche le papisme.
L'homme qui, pense-t-elle, a cédé sur ce point,
Sur les autres non plus ne résistera point.

FAUST.

Le monstre comprend-il que, de sa foi remplie,
Voyant l'enfer ouvert pour quiconque est impie,
Elle veuille à tout prix me sauver des méchants.

MÉPHISTOPHÉLÈS.

Homme supérieur et soumis à tes sens,
La petite déjà par le nez te promène.

FAUST.

Ignoble personnage ! Arrière face obscène !
Avorton de fumier que la flamme pétrit !

MÉPHISTOPHÉLÈS.

La petite est en outre assez physionomiste.
Ma présence la trouble, et la glace, et l'attriste.
Mon masque lui révèle un détestable esprit ;
Peut-être même un diable. Ainsi donc, cette nuit...?

FAUST.

Et que t'importe !

MÉPHISTOPHÉLÈS.

Bon ! J'en jouis en artiste !

---

## AU PUITS.

### GRETCHEN ET LIESCHEN,

Avec des cruches.

LIESCHEN.

N'as-tu rien entendu sur Babette, ma mie ?

GRETCHEN.

Non, j'ignore ; je vois si peu de compagnie.

LIESCHEN.

Tiens, Sybille au lavoir l'a conté ce matin.
Elle a fait un faux pas. — Elle menait un train !

GRETCHEN.

Comment ?

LIESCHEN.

Mauvaise odeur ! quand elle boit et mange,
Elle en nourrit deux.

GRETCHEN.

Ah ! !

LIESCHEN.

Fallait bien que ça change !
Elle était tout le jour pendue à son galant ;
C'était des embarras, des robes, un clinquant !
Tu sais bien comme au bal elle faisait la fière ?
Il fallait que toujours elle fût la première !
Son gandin lui payait du vin doux, des gâteaux ;
Et même elle portait sans rougir ses cadeaux.
Puis c'était des baisers, une cajolerie ;
Tant et si bien, qu'enfin sa fleur en est périe.

GRETCHEN.

Hélas, la pauvre fille !

LISE.

Oh bien, ne la plains pas.
Nous, l'on nous défendait de demeurer en bas,
Le soir ; nous rentrions filer auprès de mère !
Barbe pendant ce temps ne s'en souciait guère.
Elle restait dehors, avec lui, sur le banc
Ou dans l'allée obscure, à s'égayer le sang.
Le temps lui semblait court alors, et l'existence.
Qu'elle pleure à présent et fasse pénitence.

GRETCHEN.

Mais il l'épousera !

LIESCHEN.

Pas si bête ! Un gaillard
Qui saura bien trouver de l'espace autre part.
Il est parti.

GRETCHEN.

C'est mal !

LIESCHEN.

Oh ! qu'elle le rattrappe !
A sa honte vraiment ne crois pas qu'elle échappe.
Nos gars arracheront l'oranger de son sein ;
Nous sèmerons de la paille sur son chemin.

(Elle sort.)

GRETCHEN.

Et je pouvais jadis si bravement médire
Contre la pauvre enfant qui se laissait séduire !
Pour les péchés d'autrui, je ne trouvais jamais
Assez de méchants mots ! Ah, comme je blâmais !
S'ils me paraissaient noirs, je disais pis encore,
Et croyais ne pouvoir redire assez de fois,
Et faisais, glorieuse, un grand signe de croix !
Et maintenant le crime aussi me déshonore !
Tout ce qui m'entraînas vers l'ami, cependant,
Était si bon, mon Dieu, si facile et tentant.

---

## REMPARTS.

Dans le creux de la muraille, une pieuse image de la Mater Dolorosa, ornée de fleurs.

MARGUERITE, apportant des fleurs nouvelles.

Oh de grâce, de grâce,
Toi si riche en douleur,
Daigne abaisser ta face
Avec pitié sur mon malheur !

Le cœur percé d'un glaive,
Tu contemples le fils que la mort t'enleva,
Et ton regard s'élève,

Et ton soupir s'achève,
Au ciel qui t'éprouva.

Qui pourrait dire
Quel martyre
A pénétré mes os !
Mon angoisse et mes maux !
Ce que mon cœur soupire,
Son trouble et son émoi,
Nul ne le sait que toi !

Où que j'aille, je souffre, et je souffre à toute heure ;
Mon cœur est serré comme dans un étau.
Quand seule je demeure,
Je pleure, je pleure, je pleure,
Comme si mes yeux se fondaient en eau.

Au bord de ma fenêtre
J'ai cueilli ces fleurs,
Qui durent se repaître
De mes yeux en pleurs.

Et dans ma chambrette
Le soleil souriait ;
Mais leur flot noyait
Déjà ma couchette.

Sauve-moi de la mort,
Et des mépris du sort !
O de grâce, de grâce,
Toi, si riche en douleur,
Daigne abaisser ta face
Avec pitié sur mon malheur !

## NUIT.

Une rue devant la porte de Gretchen.

VALENTIN, soldat, frère de Gretchen.

Autrefois, quand je m'assoyais
Dans ces régals, où volontiers,
Le verre à la main, les bons drilles
Vantent la fleur des jeunes filles
De la ville et des alentours,
En arrosant d'une rasade
Leur joyeuse fanfaronnade,
Pour moi, je demeurais toujours,
Tranquille et sûr de ma victoire,
Frottant ma barbe et mon menton ;
Et sur la fin, du plus beau ton,
Je disais : « Chacun son histoire !
Mais il n'est pas, sans vaine gloire,
De plus belle enfant du Seigneur,
De plus modeste et méritoire,
Que ma Gretel, ma blonde sœur ! »
A son nom, chacun voulait boire.
Top top, cling clang ! ç'allait au cœur :
« C'est juste ! il n'en fait pas accroire,
Et de son sexe elle est l'honneur. »
Et maintenant ! Jour de malheur !
Je voudrais tordre mes entrailles
Et grimper contre les murailles !
Tout drôle pourra m'insulter,
Me railler, me vilipander !
Il me faudra suer sur place,
Ainsi qu'un mauvais débiteur.
Et si j'écrase leur audace,
Puis-je dire à quelqu'un menteur ?

Mais qui va là? Qui se glisse dans l'ombre?
Si c'étaient eux? Si je les reconnais!
Vive ma bonne lame et vive la nuit sombre,
Et mort de moi, s'ils m'échappent jamais!

## FAUST, MÉPHISTOPHÉLÈS.

FAUST.

Mon âme est dans la nuit commme cette étincelle,
Qui brille en vacillant là-bas dans la chapelle,
Lampe du sanctuaire, invisible parfois,
Tant sa lumière est faible et tremblante à la fois.

MÉPHISTOPHÉLÈS.

Moi, je suis langoureux comme un chat de gouttières,.
Qui rôde, en se frottant aux murs, à pas de loup;
Et mon ventre s'emplit de vertus printannières,
Du désir de voler, des chaleurs d'un matou.
La nuit de Walpurgis s'avance et se prépare;
Mes sens en ont déjà comme un pressentiment.
Tu pourras assister à ce spectacle rare;
Nous veillerons alors pour mieux qu'en ce moment.

FAUST.

Dans la terre enfoui, ce trésor qui flamboie,
Va-t-il enfin surgir? vais-je m'en emparer?

MÉPHISTOPHÉLÈS.

Dans un instant je veux t'accorder cette joie.
Mais la cassette est lourde, on peut t'en assurer,
Car d'écus au Lion elle est toute remplie.

FAUST.

Ni bague ni bijou pour parer mon amie?

MÉPHISTOPHÉLÈS.

Si ; j'y vis un collier de perles, assez beau.

FAUST.

Bon ! je souffre d'aller la voir sans un cadeau.

MÉPHISTOPHÉLÈS.

Et pour combler tes vœux, dans la nuit qui commence,
Je veux la régaler gratis d'une romance ;
Un chef-d'œuvre moral qui lui porte au cerveau.

(Il chante, en s'accompagnant d'une mandoline.)

I

Que fais-tu là, ma Catherine,
Lorsque le jour tombe et décline,
Chez ton amant ?
Prends garde, enfant ! Si dans cet antre,
Vierge l'on entre,
De même on en sort rarement.

II

Prends garde encor ! La chose faite,
Il se rira de la pauvrette,
Sans foi ni loi.
A l'amant qui presse, intercède,
Fille, ne cède
Que la bague, la bague au doigt !

VALENTIN, avançant.

Damné preneur de rats ! qui pipes-tu, menteur ?
Au diable l'instrument ! au diable le chanteur !

MÉPHISTOPHÉLÈS.

Allons, tout est brisé !

VALENTIN.

Et prends garde à ta tête !

MÉPHISTOPHÉLÈS, à Faust.

Immobile, docteur ; doucement qu'on s'apprête.
Serrez-vous près de moi ; mettez flamberge au vent.
Je parerai les coups, poussez ferme en avant.

VALENTIN.

Pare donc celui-là !

MÉPHISTOPHÉLÈS.

Pourquoi pas ?

VALENTIN.

Et cet autre !

MÉPHISTOPHÉLÈS.

Sans doute !

VALENTIN.

Celui-ci ! — Tout l'enfer est-il vôtre !
Mon arme s'alourdit.

MÉPHISTOPHÉLÈS, à Faust.

Pousse à fond.

VALENTIN, tombant.

O malheur !

MÉPHISTOPHÉLÈS.

Le lourdaud s'adoucit. Là, fuyons la clameur !
Je m'entends à merveille avecque la police,
Mais suis moins bien en cour de la haute justice.
Vite ! déjà l'on crie au vol, au meurtrier.

(Ils fuient.)

MARTHE, à la fenêtre.

Au secours !

GRETCHEN, à la fenêtre.

Un flambeau !

UN VOISIN.

C'était un bruit d'acier !

MARTHE, de même.

On dispute, on se bat, on s'égorge, on se tue.

LA FOULE.

L'un d'eux est déjà mort.

D'AUTRES.

Non, voyez, il remue.

MARTHE, sortant.

Où sont les assassins ?

GRETCHEN, sortant.

Et qui donc est gisant ?

LA FOULE.

C'est ton frère !

GRETCHEN.

O destins !

LA FOULE.

Hélas ! il est perdu ! voyez ses traits livides.

VALENTIN.

Je meurs ! c'est bientôt dit, et plus vite encor fait.
Femmes, pourquoi hurler ? Taisez vos cris stupides !
Approchez, écoutez ! Simple histoire, en effet !
(Tous font cercle autour de lui.)

Regarde, ma Gretel, tu fais mal ton affaire ;
Trop jeune encore, et point habile assez, ma chère !
Entre nous, laisse-moi te le dire d'un mot :
Tu n'es qu'une catin, sois-le donc comme il faut !

GRETCHEN.

Frère ! ô Dieu !

VALENTIN.

Laisse Dieu en dehors de ta farce !
Ce qui est fait est fait; ce qui s'ensuit viendra.
Tu commenças par l'un, l'autre succédera,
Puis toute une douzaine; et bientôt, chez la garse,
Toute la ville au grand jour passera !

Oui, la honte qui naît, s'entoure de mystère ;
On lui couvre le front des ombres de la nuit ;
On voudrait des deux mains en étrangler le bruit.
Mais quand il a grandi, mais quand elle est prospère,
L'effort pour la cacher, bientôt semble trop lourd;
Le vice alors s'étale, il appelle le jour,
Il se promène nu sur la place publique,
D'autant plus impudent qu'il est plus impudique.

Vrai ! je vois venir l'heure où les honnêtes gens
Te fuiront comme on fuit un cadavre, la fille !
Les colliers feront place aux robes de guenille,
Et tu défailliras sous leurs yeux méprisants !
Tu n'iras plus alors te pavaner à l'aise,
Sur la place, à la danse, ou près des saints autels,
Avec tes bijoux d'or, ta dentelle et ta fraise.
Tu t'en iras croupir, décrépite et mauvaise,
Parmi les mendiants, les gueux, les criminels ;
Et si Dieu te pardonne, ici-bas, sois maudite !

MARTHE.

De tes péchés demande au Seigneur qu'il t'acquitte.
Veux-tu donc te charger de blasphème en mourant ?

VALENTIN.

Puissé-je seulement te rompre la carcasse,
Infâme maq...... ! et le Dieu tout-puissant,
Va, de tous mes péchés, me ferait vite grâce !

GRETCHEN.

O frère, quel tourment!

VALENTIN.

J'ai dit; laisse le pleur!
Tu m'as tué dès lors que tu perdis l'honneur.
A travers le sommeil de la mort, sans entrave,
Pour moi, je vais à Dieu, mais en soldat, en brave.

---

## LE DOME.

Office, orgue et chant.

GRETCHEN dans la foule; ESPRIT MALIN derrière elle.

ESPRIT MALIN.

Autrefois vers ton Dieu tu venais innocente,
Et tu priais gaiement, encore souriante,
Des jeux que tu quittais.
Oh maintenant, arrière!
Maintenant désespère!
Pour ton crime un pardon? Jamais!

Viens-tu prier pour l'âme de ta mère?
Ce fut pour couvrir tes amours
Que tu l'endormis pour toujours.
Viens-tu prier pour l'âme de ton frère?
Son sang rougit
Ton seuil maudit.
Et déjà dans ton sein ton avorton remue.
Entends-tu pas sa voix qui menace et qui tue?

GRETCHEN.

Malheur! malheur!
Oh puissé-je éloigner tout penser de mon cœur!

CHŒUR.

*Dies irae, dies illa,*
*Solvet sæclum in favilla.*

(Sons d'orgue.)

ESPRIT MALIN.

Les trompettes sonnent,
Les tombeaux frissonnent,
O morts surgissez!
Ton corps ressuscite,
Le juge s'irrite,
Et te précipite
Aux feux amassés!

GRETCHEN.

Oh puissé-je m'enfuir! L'orgue m'ôte l'haleine;
Ce cantique résout toute mon âme en peine.

CHŒUR.

*Judex ergo cum sedebit,*
*Quidquid latet, apparebit,*
*Nil inultum remanebit.*

GRETCHEN.

La voûte épaisse
Sur moi s'abaisse,
Tombe et m'oppresse.
Cercle de fer!
Du jour! de l'air!

ESPRIT MALIN.

La nuit plutôt! Honte et péchés

Ne restent pas longtemps cachés !
Air et lumière ?
Misère ! misère !

CHŒUR.

*Quid sum miser tunc dicturus?*
*Quem patronum rogaturus?*
*Cum vix justus sit securus.*

ESPRIT MALIN.

Les saints avec horreur ont détourné leur face !
Sans te regarder leur phalange passe.
Comme rit le démon !

CHŒUR.

*Quid sum miser tunc dicturus?*

GRETCHEN.

Voisine ! votre flacon !
(Elle tombe sans connaissance.)

---

# LA NUIT DE WALPURGIS.

Les montagnes du Harz; le Schierck et l'Elend.

## FAUST, MÉPHISTOPHÉLÈS.

MÉPHISTOPHÉLÈS.

Je voudrais bien entre mes jambes
Tenir un de mes boucs ingambes.
Le but est encore assez loin.
Et toi! n'aurais-tu pas besoin
D'un manche à balai?

FAUST.

Non; pour l'heure
A cette trique j'en demeure,
Et je me sens les jarrets bons.
D'ailleurs, pourquoi me hâterai-je?
Ce labyrinthe de vallons,
Ces bois étranges, ces grands monts,
Ces torrents qui nous font cortège
En cascades et tourbillons,
Est-ce une route qu'on abrège?
S'y promener est un plaisir.
Le printemps, qui fait tressaillir
Les bouleaux et le pin sauvage,
Me verse au cœur un frais courage.

MÉPHISTOPHÉLÈS.

Je ne sens rien d'un si bel air!
J'ai dans le corps un temps d'hiver;
Et retrouverais avec joie
Givres et glaçons sur ma voie.

Regarde le masque échancré
De cette lune rouge et triste :
On n'est pas plus mal éclairé!
A chaque instant le pied résiste
Contre un arbre ou contre un caillou!
Un véritable casse-cou!
Permets qu'un feu-follet m'assiste;
J'en vois un sautiller là-bas :
« Hé! l'ami! viens guider nos pas!
Faut-il toujours qu'on vagabonde?
Sois utile et conduis ton monde! »

FEU-FOLLET.

Par respect, je veux corriger,
Si je le puis, mon naturel léger.
D'habitude en zig-zag je vais toujours ma route.

MÉPHISTOPHÉLÈS.

Hé! hé! c'est qu'on pense sans doute,
Imiter l'homme à cet endroit.
Au nom du diable va donc droit!
Ou je t'éteins sans qu'il m'en coûte.

FEU-FOLLET.

Est-on le maître du logis?
Je m'en doute et vous obéis.
Mais pensez! La montagne est folle,
Et toute folie cette nuit;
Et ceux qu'un feu-follet conduit,
Doivent souffrir un peu qu'il cabriole.

FAUST, MÉPHISTOPHÉLÈS, FEU-FOLLET,
chantant alternativement.

[MÉPHISTOPHÉLÈS.]

Nous entrons, paraît-il, dans la sphère des songes

Et des enchantements.
Conduis-nous, Feu-Follet, et bientôt tu nous plonges
Aux grands désolements.

[FEU-FOLLET.]

L'arbre succède à l'arbre et glisse commme une ombre
Le long de nos pas !
Géants postés dans la nuit sombre,
Comme les rochers en éclats
Tendent leurs longs nez et leurs bras,
Et renifient avec fracas !

[FAUST.]

Et parmi débris et tempête,
Petits ruisseaux s'en vont leur cours.
Est-ce un murmure ? un chant de fête ?
Peut-être une plainte d'amour ?
« Ce que l'on aime et qu'on souhaite ! »
Célestes voix, qu'écho répète
Comme un récit des anciens jours.

[MÉPHISTOPHÉLÈS.]

Ouhou ! Schouhou ! C'est la chouette,
Le chœur discord des chats-huants !
Ils sont donc tous restés veillants
Pour assister à notre fête.
Et ces gros ventres, ces pieds longs ?
Salamandres dans les buissons !
Et les racines fantastiques
Traînant leurs nœuds entrelacés,
Ainsi que des serpents épiques
Se tordant autour des rochers,
Pour nous effrayer, nous surprendre !
Et, de ces madriers mouvants,
Mille bras qui semblent s'étendre,
Comme des polypes vivants !

Et rats et souris par brigades,
Dans la mousse et dans les gazons!
Et dans les airs, des myriades
De vers luisants, de moucherons,
Aveuglants et fous tourbillons!

[FAUST.]

Dis-moi! franchissons-nous l'espace
Ou restons-nous toujours en place?
Tout tourne, il semble, arbres, rochers,
Spectres grimaçants ou funèbres,
Follets toujours plus dépêchés
Qui se gonflent dans les ténèbres.

MÉPHISTOPHÉLÈS.

Saisis ma queue et tiens t'y ferme!
Nous atteignons le vaste mont
Qui dans ses larges flancs enferme
Tous les trésors du vieux Mammon.

FAUST.

Quel étrange lueur au fond de cet abîme,
D'outre en outre perçant sa profondeur intime!
C'est comme une vapeur, un nuage en lambeau;
Puis, c'est un feu dans l'ombre, un vacillant flambeau,
Et tout à coup des jets de flammes, une source
Rayonnante, embrasée, et dispersant sa course
A travers la campagne en cents ruisseaux ardents;
Une poussière d'or, des gerbes d'étincelles,
Un océan de feux! Vois! les rochers rebelles
S'enflamment au contact de leurs embrassements.

MÉPHISTOPHÉLÈS.

Hé! le seigneur illumine
Pour notre fête son palais.
Tu l'as pu voir, c'est à souhaits!

Car déjà devers nous chemine
L'essaim des hôtes indiscrets.

FAUST.

Comme le vent souffle et fouette !
Comme il fait rage sur ma tête !

MÉPHISTOPHÉLÈS.

Dépêche-toi de t'accrocher,
Si tu veux vivre, à ce rocher.
La nuit se couvre de nuage.
Hein ! comme ça gronde et tapage
Dans la montagne et dans les bois !
Les hiboux volent aux abois.
Entends ! les colonnes éclatent
Des antiques et verts palais !
Les branches craquent et s'abattent,
Et les rochers sont ébranlés.
Quel puissant mouvement des tiges !
Écroulements et vertiges !
Racines, troncs, débris, vestiges.
L'un sur l'autre broyés, roulés,
Horriblement amoncelés,
A travers qui les vents gémissent
Sifflent, soufflent, hurlent, mugissent.
Et ces voix, les entends-tu pas ?
Au loin, tout près, d'en haut, d'en bas.
Certes ! dans la montagne entière
Roule et monte un sabbat furieux de sorcière !

SORCIÈRES, en chœur.

Au Brocken s'en vont les sorcières,
L'éteule est jaune et vert le grain,
Pour leurs assises printanières,
Sire Urian préside au train.
Par vallons et par rocs qu'on galoppe et qu'on hue,
La sorcièr' p — et le bouc pue.

UNE VOIX.

Et la vieille Baubo s'avance solitaire,
Enfourchant sa truie ordinaire.

LE CHOEUR.

A tout mérite, tout cordon !
Pour la Baubo, places premières !
D'abord la mère et son cochon,
Puis le tremblement des sorcières !

VOIX.

Par où viens-tu ?

VOIX.

Par l'Ilenstein ;
Reluquant en route un hiboux mâtin,
Qui m'a fait des yeux...!

VOIX.

Que l'enfer t'invite !
Pourquoi vas-tu si vite ?

VOIX.

Elle m'a écorchée !
Regardez la plaie !

SORCIÈRES. CHOEUR.

La route est large, sinon plate.
Est-il besoin que l'on se batte ?
Dans la presse, le balai gratte,
L'enfant crie, et la mère éclate.

SORCIERS. DEMI-CHOEUR.

Nous allons d'un train pitoyable ;
Nos femelles sont par devant.
Quand il s'agit d'aller au diable,
La femme est toujours en avant.

AUTRE DEMI-CHŒUR.

D'aussi près n'y regardez pas ;
La femme marche à courte étape.
Qu'elle ait gagné dix mille pas,
L'homme d'un seul bond la rattrape.

VOIX D'EN HAUT.

Arrivez donc ! quittez cette mer de cailloux !

VOIX D'EN BAS.

Volontiers, volontiers, nous irions avec vous.
Nous sommes blancs et nets et lavons tout le monde,
Mais notre race est inféconde.

LES DEUX CHŒURS.

Le vent se tait, l'étoile fuit ;
La lune trouble à peine luit ;
Mais le chœur des sorciers, dans les ombres fidèles,
Flofiotte et fait jaillir des milliers d'étincelles.

VOIX D'EN BAS.

Arrêtez ! comme vous marchez !

VOIX D'EN HAUT.

Qui crie au fond dans les rochers ?

VOIX D'EN BAS.

Prenez-nous avec vous !
Depuis bien trois cents ans je trime,
Sans pouvoir atteindre la cime.
De mes pareils je suis jaloux.

LES DEUX CHŒURS.

Le balai porte, le stick aussi ;
La fourche porte, le bouc aussi ;
Qui ne sait galoper ici,
Ne sera jamais dégrossi.

DEMI-SORCIÈRE, d'en bas.

Je cours après, je sue et peine,
Mais les autres sont déjà loin.
J'ai beau tourmenter dans mon coin,
Je ne puis suivre et perds haleine.

CHŒUR DES SORCIÈRES.

L'onguent nous vaut vertu majeure;
L'auge nous est un vaisseau bon;
Pour voile il suffit d'un torchon.
Jamais ne volera qui ne vole à cette heure.

LES DEUX CHŒURS.

Au sommet quand nous flotterons,
Répandez-vous dans la bruyère;
Et couvrez la montagne entière
De vos magiques escadrons.
(Elles s'arrêtent.)

MÉPHISTOPHÉLÈS.

Ça presse là, siffle et clapote,
Ça grouille là, file et tripote,
Ça brûle là, pue et flambotte.
Un complet élément de sorcières! Aussi,
Tiens-moi fortement, ou nous allons être
Séparés. — Où donc es-tu?

FAUST, dans l'éloignement.

Par ici!

MÉPHISTOPHÉLÈS.

Déjà perdu là-bas! Allons! il faut qu'en maître
Je me fasse connaître.
Place au seigneur Foland!
Place, doux peuple! Ici, docteur! Et maintenant
Saisis-moi bien! d'un bond, hors la tourbe idiote!

Même pour mes pareils sa manière est trop sotte.
Mais là-bas, dans ce coin, cet éclat singulier?
Par ces buissons-là je me sens convier,
Il faut s'y glisser, viens!

FAUST.

Esprit contradictoire,
Va donc et conduis-moi! De tes sages avis
Je garderai mémoire:
Nous montons au Brocken la nuit de Walpurgis,
Et c'est pour y rester isolés et tapis!

MÉPHISTOPHÉLÈS.

Vois ces feux bigarés! c'est un club! et pas prude!
Petit cercle est pas solitude.

FAUST.

J'aimerai mieux que nous montions.
Là-haut ça flambe et fume en tourbillons!
Et vers le Méchant, la foule innombrable
Court infatigable.
Plus d'un secret y doit être éclairci.

MÉPHISTOPHÉLÈS.

Plus d'un secret s'y noue aussi.
Que le grand monde aille et s'enivre!
Sans bruit ici laissons-nous vivre.
C'est chose antique assurément,
Et véritable sans secondes,
Que dans le grand monde on fait des petits mondes.
Regarde ici! groupe charmant!
Jeune sorcière s'en va nue,
Vieille se couvre prudemment.
Dites-nous donc la bienvenue!
Qu'on soit aimable en mon honneur!
La peine est petite et la farce grande.

Mais entends-tu la sarabande?
Charivari! hé! n'aie pas peur;
Par l'habitude on peut s'y faire.
Arrive donc! c'est nécessaire.
Je les salue, et t'introduis
A de nouvelles épousailles!
Vois-tu comme tu t'es mépris?
Tu les traitais de valetailles!
Est-ce assez grand? trouve la fin!
Plus de cent feux dans le système;
On danse, on parle, on boit, l'on cuisine et l'on aime:
Dis donc! est-ce assez turlupin?

FAUST.

Comment t'y fais-tu présentable?
En magicien ou bien en diable?

MÉPHISTOPHÉLÈS.

J'aime l'incognito! Mais ne convient-il pas
De montrer ses cordons dans les jours de galas?
Je n'ai bien pas la jarretière,
Mais ici mon sabot est signe qu'on révère.
Vois-tu cet escargot rampant,
Et de ses cornes tâtonnant?
M'a-t-il déjà flairé peut-être?
A volonté je puis paraître.
Alerte! allons de feux en feux;
Je fais la demande et toi l'amoureux.
(A quelques-uns, assis autour d'un brasier de charbon.)
Les vieux messieurs, enfin, qu'est-ce que l'on projette?
Au lieu d'être parmis la fête,
Pourquoi vous tenir ainsi coi?
Pour vivre seul, on peut rester chez soi.

GÉNÉRAL.

Sur les peuples faut-il qu'on fonde,
Malgré des bienfaits avérés?

Chez eux, comme chez fille blonde,
Les jeunes sont les préférés!

MINISTRE.

Les temps sont d'une insuffisance!
Autrefois tout allait bien mieux.
Quand nous avions l'omnipotence,
L'âge d'or régnait sous les cieux.

PARVENU.

Je n'étais pas non plus si bête,
Et me poussais avec fureur.
Pourquoi faut-il que l'on tempête
Quand je deviens conservateur!

AUTEUR.

Est-il un seul lecteur encore
Pour un écrit bien pondéré!
Le jeune peuple qui s'adore,
Ne fut onc plus évaporé.

MÉPHISTOPHÉLÈS, qui paraît tout d'un coup très vieux.

Pour le jugement l'homme est mûr,
Puisque mon pied n'est plus très sûr ;
Et le monde entier penche et croule,
Puisque mon verre est trouble et coule.

SORCIÈRE REVENDEUSE.

Messieurs, ne passez pas ainsi,
Et regardez ma marchandise.
L'occasion, qu'on se le dise!
A nulle autre est pareille ici.
Aucun objet de mon négoce
Qui n'ait fait quelque mal atroce.
Aucun de ces poignards qui n'ait assassiné,
Aucun de ces cristaux qui n'ait empoisonné,
Aucun de ces bijoux qui n'ait corrompu l'âme

A quelque aimable fille ou femme;
Aucun glaive qui n'ait rompu de saint traité,
Ou frappé dans le dos un ennemi flatté.

MÉPHISTOPHÉLÈS.

Cousine, tu prends mal ton temps;
Chose faite, place nette!
Le nouveau plaît seul à nos gens;
Dans les nouveautés qu'on se mette.

FAUST.

Que je conserve mon bon sens!
En fait de foire et de tapage
On ne verra pas davantage.

MÉPHISTOPHÉLÈS.

Le tourbillon tend à monter;
L'on croit pousser, l'on est porté.

FAUST.

Qui va là?

MÉPHISTOPHÉLÈS.

De plus près regarde! c'est madame
Lilith.

FAUST.

Qui?

MÉPHISTOPHÉLÈS.

D'Adam la première femme.
De ses beaux cheveux, il faut te défier :
Un ornement bien singulier,
Dont elle est fière à juste titre.
Quand il s'y prend quelque bélitre
Pour toujours il est prisonnier.

FAUST.

Et ces deux-là, la jeune avec la vieille,
Qui s'assoient? Elles ont bien longtemps dû sauter.

MÉPHISTOPHÉLÈS.

Repose-t-on dans cette veille?
On joue une autre danse! Allons les inviter.

FAUST, dansant avec la plus jeune.

Un jour, dans un folâtre somme,
J'aperçus un pommier vanté,
Où brillait une double pomme,
Qui me ravit, et j'y montai.

LA BELLE.

La pomme est un bien qu'on désire,
Depuis les temps du paradis.
Mon jardin en a qu'on admire,
J'en suis heureuse et j'en jouis.

MÉPHISTOPHÉLÈS, avec la vieille.

Je fis un jour un sale rêve:
C'était un arbre en deux fendu,
Avec un. . . . . . . . . .
Si... qu'il fût, il m'avait plu.

LA VIEILLE.

Mon compliment tout serviable
Au chevalier Pied-de-cheval;
S'il possède un. . . capable,
Qu'il. . . . . . . . . . .

PROKTOPHANTASMISTE.

Que fait-on là? Maudite engeance!
N'avons-nous pas justifié
Qu'un esprit n'a pas de vrai pied?
Et comme humains voilà qu'on danse!

LA BELLE, dansant.

Que veut ce tel dans notre bal?

FAUST.

Hé ! Il est partout l'animal !
Il se fait juge de la danse,
Et quand il désapprouve un pas,
Ce pas dès lors n'existe pas.
Vexé surtout quand on avance :
On n'a son approbation,
Que si l'on veut tourner sur place,
Comme il fait dans son moulin crasse,
Même il faut sa permission.

PROKTOPHANTASMISTE.

Encore ici! C'est d'une audace !
Ne l'avons-nous pas décrété?
Disparaissez donc ! Cette race
Se rit des lois, en vérité.
Je suis savant à faire envie,
Pourtant Tegel reste hanté.
Longtemps j'ai dit, c'est fantaisie.
Ça reste obscur ! chose inouïe !

LA BELLE.

Cessez donc de nous ennuyer.

PROKTOPHANTASMISTE.

Esprits, je vous le dis en face :
Le règne des esprits m'agace,
Mon esprit ne peut s'y fier.

(On continue à danser.)

Ils se moquent de mes requêtes !
Pour aujourd'hui suivons leur train ;
J'espère bien avant ma fin,
Réduire diables et poètes.

MÉPHISTOPHÉLÈS.

Dans une mare il va plonger,
Mode à lui de se soulager.

Des esprits, comme de l'esprit,
Sangsue aux fesses le guérit.
(À FAUST, qui quitte la danse.)
Mais quoi! l'on abandonne
Sa danseuse fripponne?

FAUST.

Hélas! au beau milieu de l'air qu'elle a chanté,
Une rouge souris de sa bouche a sauté.

MÉPHISTOPHÉLÈS.

La belle affaire! Est-ce qu'on s'avise
De tout regarder d'aussi près.
Si la souris n'était pas grise,
Ami, c'était presque un succès.
A l'heure du berger que fait cette bêtise?

FAUST.

Puis j'ai vu...

MÉPHISTOPHÉLÈS.

Quoi?

FAUST.

Vois-tu, là, Méphisto, là-bas,
Cette enfant toute seule, à l'écart, belle, et pâle.
Comme lentement elle traîne ses pas!
On dirait qu'elle a des fers aux pieds, la vestale.
Il me semble, je l'avoûrais,
De la bonne Gretchen y retrouver les traits.

MÉPHISTOPHÉLÈS.

Laisse-la passer! son aspect désole.
C'est un fantôme, et sans vie, une idole.
Il est dangereux de la défier.
L'œil fixe de cette recluse
Fige le sang de l'homme et peut pétrifier.
Tu connais bien l'histoire de Méduse.

FAUST.

Véritablement, c'est le regard d'une morte
Dont une aimante main n'a pas fermé les yeux;
Le sein de ma Gretchen si doucement accorte,
Son corps délicieux.

MÉPHISTOPHÉLÈS.

Crédule! Justement c'est là qu'est la magie.
En elle chacun croit retrouver son amie.

FAUST.

Ravissement! douleur! Je ne puis m'arracher
A ce regard, et n'ose m'approcher.
Puis, comme c'est étrange!
Pour tout ornement, à son beau cou d'ange,
Un ruban rouge, unique, étroit et net
Comme le dos d'un couperet.

MÉPHISTOPHÉLÈS.

Je le vois bien aussi. Faut-il qu'on s'inquiète?
Persée autrefois lui trancha la tête;
Même elle pourrait la porter sous son bras.
De t'illusionner tu ne cesses donc pas!
Escaladons cette colline
Où tout le monde s'achemine!
On y dresse un théâtre, un spectacle joyeux.
Arrive donc! Peut-on s'amuser mieux!

(Il l'entraîne.)

# UNE PLAINE.

Jour nébuleux.

## FAUST, MÉPHISTOPHÉLÈS.

FAUST.

Honte et malheur sur moi! Elle, ma bien-aimée,
Errer pendant dix mois, misérable, affamée,
De mépris abreuvée! et pour comble de maux,
Comme une criminelle en d'horribles cachots!
Elle, innocente enfant, aimante et douce femme!
Et tu me le cachais! O traître, fourbe, infâme!
Oh oui, roule en fureur tes yeux fauves de chat!
Voilà mon compagnon, c'était ce scélérat.
Prisonnière! à jamais folle et désespérée!
Par des hommes sans cœur flétrie et torturée;
Livrée aux noirs esprits. Et toi, pendant ce temps,
Tu me distrayais en lâches amusements!
Et j'allais la laisser périr dans sa misère!

MÉPHISTOPHÉLÈS.

Après tout, elle n'eût pas été la première.

FAUST.

O brute! ô rendez-lui, sublime Esprit du bien,
Sa forme bestiale! oui, sa face de chien,
Qu'il avait quand il vint, vautré dans la poussière,
Comme en un guet-apens s'accrocher à mon dos.
Pas la première! Lui, c'est lui qui dit ces mots!
O désolation, insondable mystère!
Quoi! celle qui souffrit tant de mal la première,
N'a pas payé pour toute à l'éternel Pardon?

MÉPHISTOPHÉLÈS.

Voilà bien jusqu'où va leur humaine raison.
Faites encore un pas, elle saute! Qu'y puis-je?
Il veut voler, puis crie aussitôt au vertige!
Qui de nous chercha l'autre? Est-ce-moi, dis? Pourquoi,
Si tu ne peux marcher, t'associer à moi?

FAUST.

Ne grinces pas ainsi des dents contre moi, traître!
Quel dégoût! grand Esprit qui daignas m'apparaître,
Toi qui connais mon âme et qui sais mon cœur bon,
Pourquoi m'as-tu rivé ce honteux compagnon,
Qui se repaît, joyeux, de mort et de ruines.

MÉPHISTOPHÉLÈS.

Finis-tu?

FAUST.

Sauve-la de leurs mains assassines,
Ou mille siècles sur toi de malédiction!

MÉPHISTOPHÉLÈS.

La justice la tient; puis-je rompre sa chaîne?
Sauve-la! le bon cœur. Qui la mit dans la peine,
Vous ou moi?
(Faust lui lance un regard furieux.)
Il voudrait tenir la foudre en mains.
Bien dommage, en effet, qu'à ces aimables nains
Dieu ne l'ait pas remise. Écraser qui réplique,
Des tyrans c'est assez volontiers la pratique,
Pour se donner de l'air.

FAUST.

Emporte-moi près d'elle;
Je veux la délivrer!

MÉPHISTOPHÉLÈS.

Un admirable zèle!

Et le danger? Ton meurtre est-il pas tout récent?
Et des esprits vengeurs planent, en attendant,
Sur le pavé rougi.

FAUST.

C'est mon dernier service!
Et qu'un monde d'horreur croule et t'ensevelisse!
Conduis-moi, je le veux! la sauver à l'instant!

MÉPHISTOPHÉLÈS.

Bon, l'on va t'y mener! Mais suis-je tout-puissant
Au ciel et sur la terre?
Écoute bien! voici tout ce que je puis faire:
J'endormirai la garde; empare-toi des clefs;
Sauve-la de ta main. — Viens, mes chevaux sont prêts.

---

## LA NUIT.

Rase campagne.

FAUST, MÉPHISTOPHÉLÈS, passant au galop sur des chevaux noirs.

FAUST.

Vois-tu, sur le gibet, ceux-là comme ils gravitent?

MÉPHISTOPHÉLÈS.

Je ne sais pas trop la cuisine qu'ils agitent.

FAUST.

Ils volent en tous sens, montant et descendant.

MÉPHISTOPHÉLÈS.

Sorcières en conseil.

FAUST.

Aspergeant, consacrant.

MÉPHISTOPHÉLÈS.

En avant! en avant!

---

## UN CACHOT.

FAUST, avec un trousseau de clefs et une lampe, devant une petite porte de fer.

Une immense pitié pour tout le genre humain,
Sentiment oublié, s'accumule en mon sein.
Elle est là, se mourant sous les sombres murailles;
Et son crime ne fut qu'un pur élan d'amour.
De nos enchantements sanglantes funérailles!
Je tremble... Avance donc! voici son dernier jour.

(Il prend la clef; on chante au dedans.)

Ma mère, la catin,
M'a massacrée;
Mon père, le gredin,
M'a dévorée!
Mais ma petite sœur recueillit tous mes os,
Puis s'en fut les cacher loin du monde perfide,
Sous des arbres en fleurs, dans une terre humide;
Et j'ai ressuscité le plus gai des oiseaux.

FAUST.

Chez elle aucun soupçon que son amant épie,
Entend gronder ses fers sur la paille flétrie.

(Il entre.)

MARGUERITE, se cachant sur son grabat.

Ils viennent! affreuse mort!

FAUST, tout bas.

Fais silence! tout dort!
Je viens briser ta chaîne.

MARGUERITE, se traînant vers lui.

Si tu as un cœur d'homme aie pitié de ma peine.
(Il saisit les chaînes pour les ouvrir.)

FAUST.

Tu vas les réveiller! Ne fait donc aucun bruit!

MARGUERITE, à ses pieds.

Qui t'a donné, bourreau, sur moi cette puissance?
Pourquoi venir me prendre au milieu de la nuit?
Laisse-moi vivre encor! Suis-je pas sans défense?
N'est-ce pas assez tôt quand le jour aura lui?
(Elle se lève.)
Je suis si jeune, hélas! jeune, et déjà mourir!
Et j'étais belle aussi; c'est ce qui m'a perdue.
Il était près de moi, mais il s'en fut courir.
Ma couronne de fleurs à terre est épandue!
— O ne me saisis pas ainsi violemment!
De grâce, épargne-moi! Que t'ai-je fait, vraiment?
Ton cœur est-il si dur qu'en vain l'on te supplie?
Je ne t'ai cependant jamais vu de ma vie.

FAUST.

Comment lui résister!

MARGUERITE.

Laisse-moi seulement,
Une dernière fois, allaiter mon enfant!
Ne suis-je pas ici sous ta pleine puissance?
Toute la nuit je l'ai sur mon sein remué.
Ils me l'avaient volé pour me faire nuisance,
Et racontaient après que je l'avais tué!
Je ne reviendrai, vois-tu, jamais joyeuse.

Même ils chantent ainsi contre moi, les méchants!
Une vieille complainte à cette fin affreuse;
Mais pourquoi veulent-ils m'en appliquer le sens?

FAUST, se jetant à ses pieds.

C'est moi, c'est ton ami! Par tes genoux qu'il presse,
Confiance! il est là pour finir ta détresse!

MARGUERITE, s'agenouillant à côté de lui.

Oh oui, à deux genoux invoquons les doux saints!
Là-bas, sous l'escalier, ces éclats souterrains!
L'enfer bout et tapage;
Le Malin hurle, grince, et tourmente, et fait rage.

FAUST, haut.

Marguerite!

MARGUERITE, attentive.

C'était la voix du bien-aimé!
(Elle bondit; les chaînes tombent.)
Où est-il? C'était lui, c'est lui qui m'a nommé!
Je suis libre! Je veux à son cou me suspendre,
Reposer sur son sein! Qui pourra me le prendre!
Il a dit Marguerite! Il était sur le pas
De la porte. Au milieu du fracas,
Des rires des démons, de l'horrible épouvante,
J'ai reconnu sa voix douce, entraînante!

FAUST.

Oui, c'est moi!

MARGUERITE.

C'est toi! Oh! dis et redis-le encore.
(Elle le saisit.)
C'est lui! c'est lui! Qu'était-ce ce bruit de mort!
Mes liens sont brisés, mon angoisse est finie!
C'est toi, pour me sauver, pour toujours affranchie!
Mon bonheur va renaître, et déjà je revois

La place où tu parus pour la première fois,
Et les fleurs du jardin, et la verte avenue
Où Marthe et moi jadis attendions ta venue.

FAUST.

Viens! viens!

MARGUERITE, le caressant.

O reste encor! Je me trouve si bien
Auprès de toi! Va, je ne crains plus rien!

FAUST.

Mais il faut nous hâter! La nuit s'écoule et passe;
Et tout instant perdu, c'est la mort qui menace!

MARGUERITE.

Comment! tu ne sais plus m'aimer et m'embrasser.
Ami, tu désappris pendant ta courte absence,
A m'aimer, m'embrasser? Mon Dieu, quelle inconstance!
Mais d'où vient qu'en tes bras je me sens angoisser?
Jadis ta voix, tes yeux, m'étaient céleste grâce;
Et toi, tu m'embrassais à me faire mourir.
Embrasse-moi, te dis-je, ou c'est moi qui t'embrasse.
(Elle se pend à son cou.)
Malheur! tes lèvres sont muettes et de glace.
Ton amour a fini; qui m'a pu le ravir?
(Elle se détourne de lui.)

FAUST.

O viens! suis-moi! reprends courage! il faut partir!
Je t'adore toujours d'une amour infinie;
Mais fuyons à l'instant, il le faut, je t'en prie!

MARGUERITE.

C'est donc bien toi? Je ne m'égarais pas?

FAUST.

C'est moi! Fuyons!

MARGUERITE.

Tu délivres mes bras,
Tu me prends sur ton sein! comment se peut-il faire?
Tu n'as donc pas horreur de ma misère?
Sais-tu bien, mon ami, qui tu viens délivrer?

FAUST.

Vite, l'aube déjà commence à s'éclairer!

MARGUERITE.

J'ai fait mourir ma mère,
J'ai noyé mon enfant!... Le petit malheureux,
Il était à nous deux.
Tien aussi! — C'est donc toi? Le doute encore me ronge.
Viens, donne-moi ta main! Non, ce n'est point un songe.
Ta main chérie! Ah! mais elle est humide!
Lave-la! lave-la! J'y vois du sang livide.
O mon Dieu, qu'as-tu fait!
Rengaine ton épée, écoute mon souhait!

FAUST.

O laisse le passé! veux-tu donc que je meure?

MARGUERITE.

Non, non, il faut que tu demeure!
Car je veux te montrer les tombeaux. Dès demain,
Tu dois en prendre soin.
A mère il faut donner la place la meilleure,
Puis frère tout auprès, et moi, un peu plus loin;
Pas trop loin cependant; et l'enfant sur mon sein.
Près de moi je n'aurais aucune autre personne.
Ce m'était autrefois une douceur si bonne
De me presser à toi, te tenir embrassé!
Mais, vois-tu, ce bonheur est pour toujours passé.
Même il semble qu'il faut me faire violence
Pour t'approcher; que tu repousses ma présence.

Et pourtant c'est bien toi, c'est ton regard aimant
Qui me caresse encor si tendrement!

FAUST.

Si tu m'as retrouvé, suis-moi sans résistance!

MARGUERITE.

Là? dehors?

FAUST.

Au salut!

MARGUERITE.

Si la tombe est dehors,
Si la mort guette, viens! Je dois cesser de vivre.
Encore un pas d'ici pour aller chez les morts!
— Mais toi, tu pars, Henri? Ah, puissé-je te suivre!

FAUST.

Mais tu n'as qu'à vouloir; tu me vois suppliant!

MARGUERITE.

Je n'ose pas; non, non! Pour moi, plus d'espérance.
Et puis, que sert de fuir? Ils sont là, m'épiant.
Et c'est si dur, vois-tu, d'aller en mendiant,
Surtout lorsqu'on a mauvaise conscience;
D'errer à l'étranger, sans refuge, ayant faim.
Ils me rattrapperaient d'ailleurs, et dès demain.

FAUST.

Près de toi je demeure.

MARGUERITE.

Vitement! vitement!
Sauve ton pauvre enfant!
Hâte-toi, qu'il ne meure!
En suivant le sentier, le long du ruisseau,
Jusqu'au pont, dans le bois, à gauche, vers la planche,

Dans l'étang. Prends le vite! Il se débat dans l'eau.
Sauve! sauve! il s'étanche!

FAUST.

Reviens à toi! Rester ici, c'est le tombeau;
Et fuir la liberté, le soleil, la campagne!

MARGUERITE.

Eussions-nous seulement dépassé la montagne!
Mère sur une pierre est assise là-bas,
— Le froid me prend la nuque — est assise là-bas.
Elle branle la tête, et ne voit, n'entend pas.
Ah, la tête lui pèse!
On ne s'éveille plus quand on dort si longtemps.
Elle dormait à l'aise
Pour nos plaisirs. C'étaient là d'heureux temps!

FAUST.

Si vaine est ma prière et toute mon instance,
De force je recours à ton enlèvement.

MARGUERITE.

Laisse-moi! Je ne souffre aucune violence.
Pourquoi donc me saisir aussi brutalement?
J'ai cependant tout fait de bon gré pour te plaire.

FAUST.

Le jour se lève, amie!

MARGUERITE.

Oh oui, le ciel s'éclaire;
Mon dernier jour a lui!
Nous devions célébrer notre noce aujourd'hui.
Si tu m'as vu plus tôt, ne le dis à personne.
O ma pauvre couronne,
C'en est fait d'elle, hélas!
Nous nous reverrons, mais pas à la danse.

La foule se presse, on ne l'entend pas;
Mais elle envahit, mais elle est immense.
La place ne peut toute la contenir.
Entends-tu l'arrêt, la cloche glapir?
Oh comme on me lie,
Comme on m'a saisie!
On m'entraîne, on me jette au sombre échaffaud;
Chacun prend son cou; le couteau, le couteau,
Les menaçant tous, sur moi roule et tombe!
Le monde est aussi muet que la tombe.

FAUST.

Ne fussé-je pas né!

MÉPHISTOPHÉLÈS, paraissant sur le seuil.

Alerte! ou c'est la mort.
Stupide bavardage! Inutile transport!
Les ténèbres blémissent,
Mes coursiers frémissent.

MARGUERITE.

Qui s'élève ainsi du sein de la terre?
Lui! lui! Chasse-le! En ce saint lieu
Qu'ose-t-il venir faire?
Il me veut!

FAUST.

Tu vivras!

MARGUERITE.

O justice de Dieu,
Je m'abandonne à toi, que ton Saint me protège!

MÉPHISTOPHÉLÈS, à Faust.

Arrive, ou je te laisse au piège!

MARGUERITE.

Père, je t'appartiens! Sauve-moi, sauve-moi!

Doux anges,
Célestes phalanges,
Faites-moi cortège et gardez ma foi!
Henri! j'ai horreur de toi!

MÉPHISTOPHÉLÈS.

Elle est jugée!

VOIX D'EN HAUT.

Elle est sauvée!

MÉPHISTOPHÉLÈS, à Faust.

A moi!

LES VOIX, s'évanouissant.

Henri! Henri!

FIN.

# OBSERVATIONS

1. Le premier Faust n'est pas seulement la première partie d'une grande épopée. Il est aussi une œuvre dramatique puissante, qui garde son unité, son action principale très simple, son dénouement naturel et logique, satisfaisant pour la conscience pratique.

L'âme ardente et généreuse de Faust s'est d'abord passionnée pour la science. Il a tout espéré d'elle, et n'y a trouvé que le doute, la sécheresse, le vide. Il arrive à l'âge mûr (trente-cinq ans environ), désespéré de ses longs travaux stériles. Il veut à son tour goûter au banquet de la vie, et il s'abandonne à ses passions avec toute la fougue de son caractère. Marguerite, naïve et sensible, est trop faible pour lui résister. Elle succombe. Le malheur et le crime découlent avec une nécessité fatale de la première faute commise. Mais Marguerite repentante trouve dans sa foi son refuge et son salut. Faust, au contraire, indomptable dans sa vie tourmentée, se perd à jamais.

Telle est la donnée, simple, naturelle, apparente, de ce drame merveilleux. A ce point de vue, le monologue de Méphistophélès dans la scène IV, p. 54, en indiquerait la pensée dominante. C'est le poète qui parle ici, ce n'est pas Méphistophélès, car ce monologue est en contradiction avec son personnage. La sanction morale, naturelle, la damnation ou le châtiment de Faust y paraît nettement annoncée :

> « Vraiment ! s'il ne s'était donné lui-même au diable,
> Sa perte aurait été quand même inévitable. »

Cependant, les proportions grandioses du drame lui-même, certains passages caractéristiques, et surtout la nature du pacte conclu avec Méphistophélès, faisaient assez pressentir que le poète n'avait pas dit son dernier mot. Méphistophélès ne doit en effet triompher que le jour où l'âme ardente de Faust aura trouvé le repos et la paix au sein des voluptés grossières, symbolisées par la nuit de Walpurgis.

Or, ce jour n'est point encore arrivé à la fin de la première partie, et ne doit même jamais arriver. L'âme humaine est trop noble pour se complaire ainsi dans la fange. C'est dans l'activité *féconde*, consacrée au bien public, au genre humain, que Faust au terme de sa vie, trouve enfin satisfaction. Il meurt, plein de cette grande pensée. Il échappe ainsi à l'Esprit du mal, attiré toujours plus haut par le vague souvenir de Marguerite, par le sentiment du beau et du grand, et par une sorte d'idéal mystique ou symbolique (l'Éternel-féminin).

Telle est la thèse du second Faust, qui ne s'accorde pas toujours bien avec le premier, mais qui en grandit singulièrement les proportions, et nous le fait envisager sous un tout autre point de vue, plus philosophique, plus grandement épique, et même plus dramatique. De là aussi le beau prologue dans le ciel, conçu à la manière biblique, qui explique la pensée de l'ensemble, et ne cadre qu'à demi avec le dénouement apparent de la première partie.

Celle-ci demeure cependant le véritable chef-d'œuvre, la tragédie grandiose et poignante. Le second Faust est loin d'être aussi réussi. Abstraction faite de ses étrangetés, de ses longueurs, de ses froides allégories, du nombre désordonné de ses personnages et de ses noms propres, il semble qu'on puisse faire un reproche grave à son idée dominante. On comprend sans doute que Faust se relève; qu'il s'occupe d'œuvres sérieuses et grandes; qu'il s'enthousiasme pour l'art et le beau; qu'il aspire enfin au gouvernement politique des hommes, et qu'il meurt satisfait en songeant au bien qu'il leur a fait. Ce que l'on comprend moins, c'est qu'il se rachète uniquement par l'activité ou l'action, souvent peu morale, sans avoir accompli, je ne dirai pas un seul acte de repentir, mais même un seul acte de véritable vertu. Il semble qu'il n'agisse que comme une force inconsciente, un mouvement nécessaire.

2. On sait que le Faust a été l'œuvre de la vie entière de Goethe : la seconde partie n'a guère été terminée qu'au déclin de ses jours, vers 1830.

Mais la première partie elle-même a moins été conçue d'un seul jet, que successivement et par scènes détachées. De là certaines contradictions, certains défauts de proportion, certaines bizarreries mêmes. Mais quelle variété dans ses tableaux qui forment autant de petits chefs-d'œuvre; quelle rapidité dans le drame, à partir du moment où il s'engage réellement ! Et tour à tour, quelle grandeur, quelle puissante ironie, quelle brillante fantaisie, quelle comédie, quels tableaux pleins d'innocence et de charme, quelle tragédie ! Toutes les notes de l'âme humaine y trouvent une merveilleuse expression. Goethe a vraiment vécu son grand poème.

Voici, d'après *Schröer* [1], dans quel ordre chronologique, il l'aurait composé :

De 1769 à 1775 :

Scène Ire. — *La Nuit* (Faust seul, puis l'*Esprit*, puis Wagner) jusqu'aux mots : « S'il trouve un ver de terre »... (p. 15).

Scène II. — *Devant la Porte de la ville.*

Scène III. — *Cabinet d'Étude* (Faust avec le barbet).

Scène IV. — *Cabinet d'Étude* (Faust, puis Méphistophélès).

Scène V. — *Cave d'Auerbach à Leipsig.*

Scène VII. — *Une Rue* (la rencontre de Marguerite).

Scène VIII. — *Le Soir* (la chambre de Marguerite).

Scène IX. — *Une Promenade.*

Scène X. — *La Maison de Marthe.*

Scène XI. — *Une Rue* (Faust et Méphistophélès).

Scène XII. — *Un Jardin, un petit pavillon du jardin* (pp. 107 et 113).

Scène XV. — *Le jardin de Marthe* (p. 121).

Scène XXII. — *Jour nébuleux.*

Scène XXIII. — *Nuit* (rase campagne).

Scène XXIV. — *Cachot.*

De 1775 à 1786 :

Scène XIV. — *Chambre de Gretchen* (Gretchen à son rouet).

Scène XVI. — *Au Puits* (Gretchen et Lieschen).

Scène XVII. — *Remparts* (la Mater Dolorosa).

Scène XVIII. — *La Nuit* (scène de Valentin).

Scène XIX. — *Le Dôme.*

De 1786 à 1788 (en Italie) :

Scène VI. — *Cuisine de la Sorcière.*

Scène XIII. — *Bois et Cavernes.*

En 1797 :

*La Dédicace* et les deux *Prologues.*

De 1800 à 1801 :

Scène XVIII. — *La Nuit* (scène de Valentin, remaniée et achevée).

Scène XX. — *La Nuit de Walpurgis.*

3. Le Faust, dans son ensemble, est difficile à représenter sur la scène. La seconde partie offre, en effet, des difficultés presque

[1] Faust von Gœthe, mit Einleitung und fortlaufender Erklärung, Heilbronn, 1881.

insurmontables. On l'a cependant essayé avec quelque succès en Allemagne. L'adaptation proposée par *M. Devrient*, et donnée à Weimar en 1875, à Cologne et à Berlin en 1881, mérite d'être signalée [1].

Mais ces difficultés sont à peu près étrangères à la première partie, qui forme à elle seule une tragédie merveilleuse, et qui fait depuis longtemps partie du répertoire classique du théâtre allemand [2].

Cependant elle n'a jamais été représentée en France, où nous ne la connaissons guère sur la scène que par le charmant opéra de Gounod, qui n'en rend pas complètement l'idée, qui, du moins, n'est pas assez dramatique. Le Faust en trois actes d'*Antony Béraud*, représenté en 1828 sur le théâtre de la Porte-Saint-Martin, n'est qu'une imitation fantaisiste en mauvaise prose, sans caractère et sans portée, une sorte de comédie-ballet. Il ne peut entrer en ligne de compte.

La vraie tragédie de Goethe pourra-t-elle enfin trouver grâce devant l'un de nos directeurs de théâtre qui dépensent tant d'art et de soins pour monter des pièces insignifiantes? Nous serions heureux que cette traduction pût les y inciter, et dans ce but, on s'est efforcé de lui donner une forme et un caractère dramatiques. La pièce pourrait être divisée en cinq actes et huit ou neuf tableaux, comme le montre très bien l'adaptation de M. Devrient.

4. Page 9. *Nostradamus* est le nom latinisé du fameux Michel de Nostredame, astrologue et médecin, né en Provence en 1503, mort en 1566.

*Macrocosme*, littéralement « le grand monde, » désigne l'ensemble de l'univers ou du cosmos. L'homme, qui en est l'image réduite, s'appelle par suite le *Microcosme* ou le petit monde. Ces expressions sont particulièrement en usage dans le langage de la Kabbale et de certains philosophes mystiques ou hermétiques du moyen âge, ou postérieurs.

5. P. 10. *L'Esprit de la Terre*, l'esprit de notre monde terrestre, l'un des mondes compris dans le Macrocosme.

6. P. 19, note. Cette variante n'est préférable que comme plus conforme au texte.

7. P. 30. *Le Lion*, le *Lys*, l'or, l'argent, ou quelqu'une de leurs combinaisons. Jargon d'alchimie.

8. P. 57, vers 7. Il faut lire :

Affirme la majeure, *et dit* la conséquence, etc.

[1] Goethes Faust als Mysterium, in zwei Tagewerken, für die Bühne eingerichtet, von *Otto Devrient*. Carlsruhe, 1877.

[2] Voir, sur ce point, *W. Creizenach*. die Bühnengeschichte des goetheschen Faust. Frankfurt am M., 1881.

Même page. *Encheiresis naturæ* est pris par Goethe dans le sens d'action, de mouvement de la nature. C'est un terme d'ancienne chimie. On pourrait traduire plus librement :

> ..... gravement la chimie
> Vous dit *force vitale*, et s'émeut qu'on en rie.

9. P. 62. Le titre est incomplet. Il faut lire : Cave d'Auerbach, *à Leipsig.*

10. P. 69, vers 7 et 8. Variante moins brutale :

> Quand une puce me démange,
> Pour moi, je la place et m'en venge.

11. P. 73. *Hocuspocus* équivaut en Allemagne à tour de bateleur ou de sorcier, et servait aussi de formule cabalistique. Ce mot viendrait, par imitation, de la formule sacramentelle : *Hoc est corpus (meum).*

11. P. 82. *Le Fantôme du Nord*... l'ancien diable du moyen âge, avec ses attributs populaires, sa queue, ses cornes, son pied de cheval, etc.

12. P. 88, vers 2. Le texte porte *Hans Liederlich*, littéralement Jean Libertin.

13. P. 91, ligne 14. Il faut lire :

> Oui, là tu t'endormis, plante fragile encore,
> Qui plis au doux zéphir dont elle doit éclore.

Ce passage est plutôt une imitation qu'une traduction, de même que le songe de Faust, p. 43.

13. P. 132. *Damné preneur de rats*... On croyait populairement en Allemagne que certains charmeurs ambulants, par leur musique et leurs chansons, attiraient les rats et séduisaient les jeunes filles et les enfants.

14. P. 139. La nuit de *Walpurgis* est la première nuit de mai. D'après la vieille légende, sorciers et sorcières, montés sur des boucs, des fourches, des manches à balai, se rendent alors au Brocken ou Blocksberg, qui est le plus haut sommet du Harzgebirge, pour y fêter leur sabbat en compagnie du diable. *Schierke* et *Elend* sont deux villages perdus, vers le sommet du Brocken.

15. P. 140-142. Les noms entre parenthèse ne sont pas dans le texte original de Goethe.

16. P. 143. *Urian*, et p. 146, *Foland* ou *Voland*, anciens noms populaires du diable en Allemagne.

17. P. 144. *Baubo*, la nourrice indécente de Déméter ou Cérès. Goethe en fait ici le type de l'impudeur. — L'*Ilenstein* est un des hauts rochers du Brocken.

18. P. 145. Les vers 6 et s. s'adressent aux critiques qui se

croient sans défaut et blâment tout le monde, mais qui ne produisent rien eux-mêmes.

19. P. 145, vers 15 et s. Allusion aux retardataires qui en sont restés aux idées du XVIe siècle, sans pouvoir parvenir à s'en dégager.

20. P. 146. La *demi-sorcière* représente les demi-talents, les médiocrités jalouses.

21. P. 148. « Les vieux messieurs, » etc. Goethe paraît ici faire allusion à un groupe de vieux émigrés français qu'il avait rencontrés en Champagne et qui déploraient les temps, assis autour d'un feu de charbon.

22. P. 150. *Lilith*. Suivant une légende des rabbins, Adam aurait eu d'abord une première femme du nom de Lilith. Cette légende vient de ce que Moïse (*Gen*. 1, 27) raconte d'abord que Dieu créa l'homme mâle et femelle, et ne parle qu'ensuite (2, 21-25) de la naissance d'Ève tirée de la côte d'Adam.

23. P. 151 et suiv. Tout le passage du *Proktophantasmiste* (du grec πρωκτὸς et φαντασμα) est une plaisanterie burlesque à l'adresse de *Nicolaï*, libraire et auteur berlinois, qui se croyait un second Lessing et n'était qu'un critique plat et prétentieux. Nicolaï s'était attaqué avec acharnement aux meilleurs esprits de son temps, et aussi à tout surnaturel, à la superstition, aux jésuites, aux revenants et aux esprits. Par une étrange bizarrerie du sort, il eut lui-même ensuite toutes sortes de visions et d'hallucinations, et ne put s'en guérir que par une application de sangsues au derrière; puis il fut raconter toute cette histoire dans un mémoire ridicule qu'il lut à l'une des séances de l'Académie de Berlin (28 février 1799). — Tegel (p. 152) est le nom d'un château près de Berlin. On prétendait qu'une apparition s'y était produite, ce que Nicolaï combattit encore très sérieusement dans son mémoire.

24. P. 154. D'après le texte, Méphisto entraîne Faust vers le théâtre, où se joue aussitôt l'intermède des *Noces d'Obéron et de Titania*, ou *le Songe de la nuit de Walpurgis*. Ce hors-d'œuvre, rempli d'allusions satyriques contre les auteurs de l'époque, ne présente plus qu'un médiocre intérêt, et clot la nuit de Walpurgis.

25. P. 155. Cette scène et la suivante sont en prose dans le texte.

26. Quelques fautes d'impression se sont glissées (par ex. p. 8, p. 61); elles seront facilement corrigées par le lecteur.

# TABLE

## TABLE.



NOTA. — Les scènes sont ici numérotées d'après *Schröer*, O.R.

FIN DE LA TABLE.


Saint-Denis. — Imprimerie CH. LAMBERT, 17, rue de Paris

SAINT-DENIS. — IMPRIMERIE CH. LAMBERT, 17, RUE DE PARIS.

www.ingramcontent.com/pod-product-compliance
Lightning Source LLC
Chambersburg PA
CBHW072043080426
42733CB00010B/1976
* 9 7 8 2 0 1 2 1 8 1 9 9 1 *